양부남
새로운 도전

양부남 새로운 도전

초판 1쇄 발행 2023년 11월 30일

지은이 양부남
펴낸이 장길수
펴낸곳 지식과감성#
출판등록 제2012-000081호

교정 주경민
디자인 서혜인
편집 서혜인, 김초롱
검수 한장희, 이현
마케팅 심윤실, 정은혜

주소 서울시 금천구 빛꽃로298 대륭포스트타워6차 1212호
전화 070-4651-3730~4
팩스 070-4325-7006
이메일 ksbookup@naver.com
홈페이지 www.knsbookup.com

ISBN 979-11-392-1442-0(03810)
값 20,000원

- 이 책의 판권은 지은이에게 있습니다.
- 이 책 내용의 전부 또는 일부를 재사용하려면 반드시 지은이의 서면 동의를 받아야 합니다.
- 잘못된 책은 구입하신 곳에서 바꾸어 드립니다.

지식과감성#
홈페이지 바로가기

양부남
새로운 도전

양부남 _글

첫 머리에

공정한 사회를 위한 신념

남들은 내가 순탄하고 영화로운 인생을 살았다고 생각할지 모른다. 중산층 가정에서 태어나 먹고사는 걱정 없이 학창생활을 보냈다면, 경제적인 사정을 고민하지 않고 사법시험을 치를 수 있었다면, 사는 동안 몸과 마음은 더 편했을 것이다. 그러나 돌이켜 보면 빈농의 자식으로 태어나 매순간 치열하게 살아 내야 했던 내 여건과 상황이 오늘의 나를 만들었다. 포기하고 싶었던 시련을 겪으며, 나를 주저앉히는 상황과 싸우며, 나는 단단해졌고 목표는 더 확실해졌다.

세월이 흘러 어느 덧 60세가 넘었다. 돌이켜 보면 너무나 곡절 많은 삶을 살았고 그만큼 많은 것을 경험했다. 가난을 운명처럼 받아들이지 않고 부단히 노력하며 고등검사장까지 지냈다. 그러나 내 노력과 능력만으로 그 자리에 이르렀다고는 생각하지 않는다. 힘이 되어 주신 하나님의 은혜와 믿고 지켜봐 준 선후배, 지지하고 힘을 실어 준 주변 분들의 도움이 있었기 때문이다.

반평생 몸담았던 조직생활을 마무리했다. 삶의 궤적을 정리하면서, 넘을 수 없는 벽이라 여겼던 난관과 어려움을 하나하나 극복했던 과정을 독자와 나누고자 한다. 내 아이들에게, 손자들에게 들려주고 싶었던 이야기를 세상에 내놓으려니 생각이 많아진다. 이 책을 통해 고등검사장까지 오르는 과정을 솔직담백하게 나누고, 오로지 자신의 힘으로 사회에 자리 잡아야 하는 '흙수저' 젊은이들에게 희망과 꿈을 갖게 하고 싶다.

또 공직생활 동안 처리한 사건 중 기억에 크게 남았던 사건을 되돌아보며, 준 사법기관으로서 진실을 알리고 정의를 실현하기 위해 힘들게 투쟁하는 검사들이 많다는 사실을 국민들에게 알리고 싶다. 인생 후반부, 나는 새로운 도전을 시작했다. 편한 길을 놔두고 또 가시밭길을 선택했다. 어찌 보면 도전의 이유는 단순하다. '공정한 사회를 위한 신념' 때문이다.

이 글을 읽고 한 분이라도 공감하는 사람이 있다면, 자신의 한계를 극복하고 이겨 내기 위해 한 발자국 더 나아가는 용기를 얻는 청년들이 있다면, 공정한 사회에 대한 갈망이 큰 국민들이 동의하고 힘을 보태 준다면, 책을 낸 보람이고 더 없는 영광이겠다.

2023년 11월 금당산 아래에서

목차

첫머리에: 공정한 사회를 위한 신념

Ⅰ. 빈농의 아들, 꿈을 꾸다

가난했던 유소년기	13
육군사관학교 진학 실패	18
전남대 법대 합격	22
표류하는 대학생활	25
휴학 및 군 입대 결정	29
운명을 바꾼 학사장교 후보생 모집 공고	31
육군학사장교 후보생 합격	33
제2의 인생 출발, 삼사관학교 입교	36
우측 늑골 골절 그리고 임관	38
O.B.C(초등군사반) 수석 수료	42
맹호부대 26여단 8전차대대 근무	44
부대원의 죽음	47
'징계'와 '표창' 사이	50
귀향과 새로운 갈등	54

본격적인 사시공부	56
망신창이가 되어 버린 몸	58
다시 찾은 보길도	60
제31회 사법시험 합격	64
사법연수원 입소와 휴직	66
홀로 먼 길을 떠나신 어머니	69
사법연수원 재입소, 결혼과 부친상	72

II. 곡절 많은 검사 생활

시작부터 외톨이였던 검사	76
세상을 떠들썩하게 했던 '지존파' 사건	78
타살을 밝힌 검시	82
의처증이 낳은 비극	85
마약사건 수사	88
포주집 단속과 이색적 수사기법	91
유학시험 응시 연령제한 불합리성 제기	93
악몽의 2시간	95
글로벌 인맥을 만든 곶감	104
사체 없는 살인사건	107
광주교도소 내 필로폰 반입 사건	111
피의자의 자살기도	114
가장 후회스러웠던 수사	116
진정과 투서를 가장 많이 받은 검사	118

인사보복을 당하다 120

첫 번째 사직 고민 123

재기를 위한 몸부림 125

일본 유학생활 127

대검중앙수사부 연구관으로 발령 130

대구지하철 화재사건 133

불법대선자금 사건 수사 137

살인죄 피고인의 검사실 방문 140

뇌물공여 의사표시의 상대방이 됨 143

해남군수 구속 147

보길도 방문 150

인사비보 153

두 번째 사직 결정 및 번복 156

전국 최초 법생활 골든벨 대회 개최 159

식품사범 단속 162

최우수 형사부 선정 164

바우처 사건 수시로 신뢰를 잃나 168

조사받던 참고인 유산 172

방산비리 피의자 자살 174

세 번째 사직 갈등 176

연수원 합숙소 생활 177

로하스 합창단 창단 179

합창단 활동 182

신임검사 교육과정 개선	184
참고인이 된 검사	186
검사장 승진	190
전두환 사자명예훼손 사건 수사	192
강원랜드 채용비리 사건	194
강원랜드 채용비리 수사단장	198
부산고등검사장 승진, 퇴임	209

Ⅲ. 제2의 인생, 서막을 열다

Ⅳ. 만화로 보는 양부남

에필로그: 내가 아는 양부남

의좋은 삼형제 자성예언의 실천가 남성우(전 담양공고 교사, 현 전남유도대학학장)	272
하나님 마음에 합당한 사람 이정희(전 국민권익위원회 부위원장, 광주지방변호사회장)	277
우리의 보물이 모두의 보물이 되기를 한명수(공인회계사)	282
국민을 위한 사랑과 헌신의 아름다운 삶 최광원(담양가마골 전원교회 장로, 담양군민신문 대표)	286

I — 빈농의 아들, 꿈을 꾸다

가난했던 유소년기

나는 1960년 11월 23일, 전남 담양군 월산면 화방리 1구 마산마을에서 빈농의 아들로 태어났다. 아버지의 고향은 전북 순창인데, 결혼 후 가세가 기울자 어머니의 친정인 담양으로 처가살이를 오셨다. 부모님은 8남매를 낳으셨으나, 내가 태어나기도 전에 2명의 형은 홍역으로 이미 세상을 떠났다. 나는 살아남은 8남매 중 여섯 번째다.

당시에는 모든 집이 가난하였다. 우리 집도 예외는 아니어서 본래 관행대로 짓는다면, 남원 양씨 쌍매당파 30세손으로 항렬자가 '섭(燮)' 아니면 '희(熙)' 자가 들어가야 한다. 형도 동생도 항렬자를 넣어 이름을 지었으나 내 이름은 '부남(富男)'이라고 지었다. 부자로 살기 바라는 부모의 염원이 담겨 있는 이름인 것이다.

아들 둘을 가슴에 묻어야 했던 부모님은 살아남은 우리 남매를 강하게 키우셨다. 가난했지만 부모님은 우리 형제들을 사랑으로 키우셨고 우리들은 별 말썽 없이 착실하게 성장했다. 누나들은 머리가 명석하고 공부를 잘했지만, 가정형편이 어렵고 '아들들을 가르쳐야 한다'는 부친의 완고한 고집 때문에 초등학교만 졸업하고 돈벌이를 하며 남동생들을 위해 희생했다.

여름비가 억수같이 쏟아지던 어느 날, 둘째 누나가 대구로 돈을 벌기 위해 떠났다. 초등학교를 졸업한 어린 나이에 낯선 곳으로 혼자 떠나야 했던 누나는 얼마나 두려웠을까, 또 어린 딸을 보내야 했던 모친은 얼마나 미안하고 불안했을까 짐작할 수 없다. 당시 대성통곡을 하셨던 모친의 모습이 내 기억에도 깊이 각인되어 있어 옛날을 생각하면 지금도 눈시울이 뜨거워진다. 대구에 있는 방직공장으로 간 누이는 손이 부르트도록 일하면서 번 돈을 고스란히 집으로 보냈다. 지금 이 순간 내가 이 자리에 설 수 있었던 것은 세 누이의 희생과 사랑이 있었기 때문이다.

외가 동네에서 자랐지만, 포근하고 아름다운 추억만 있었던 것은 아니다. 엄한 외조부에 대한 서운함과 가난해서 천대를 받았던 일은 아픈 기억으로 남아 있다. 우리 집은 닭을 키워서 달걀을 장에 팔았는데, 집주인은 우리가 닭을 키우는 것을 못마땅해했다. 인근에 있는 자신의 밭작물에 닭이 피해를 준다는 것이었다. 심지어 일부러 쥐약을 놓기도 해서 닭이 죽기도 했는데, 이로 인해 집주인이 온다고만 하면 비상이 걸려 닭을 숨기곤 했다. 남보다 조금 더 가졌다고 유세를 떠는 모습을 보며 어린 나이였지만 분노하기도 했다.

닭을 키웠지만 상태가 좋은 달걀은 시장에 팔고, 난산으로 깨진 달걀만 겨우 먹을 수 있었는데, 양이 적어 달걀에 밀가루를 넣어 먹었다.

누나들에게 간식을 달라고 조르면 달걀 껍데기에 쌀을 넣어 구워 주었다. 먹을 것이 부족하던 시절, 그렇게 부실하게 먹고서도 영양실조에 걸리지 않은 것이 신통할 뿐이다.

어린 시절을 회고해 보면 기억하고 싶지도, 글로 남기고 싶지도 않을 만큼 온통 아픈 추억뿐이다. 모두 다 가난에서 비롯된 것이다. 가정 형편이 어려웠지만, 일찍 하나님을 믿어 교회에 열심히 다녔고, 초등학교 때부터 부모님 농사일을 도우면서 성장했다. 유·소년기 추억이라고는 교회, 학교, 농사일이 전부였다.

스스로 기특하게 생각되는 것은 부모님의 농사일을 도우면서도 월산초등학교, 담양중학교를 1등으로 졸업한 일이다. 형편상 광주로 진학하지 못하고 담양종합고등학교 보통과에 입학하였는데, 2학년이 되면서 학교가 공업고등학교로 바뀌며 갑자기 공고생이 되었다. 평생 따라다니게 된 '공고 출신'이라는 수식어가 내 의지와는 상관없이 붙게 된 것이다. 공고 역시 1등으로 졸업했다. 어쩌면 마음 깊은 속에서부터 가난에서 벗어나고자 하는 욕구가 스스로를 채찍질했는지도 모르겠다.

· 초등학교 때 모친, 누나, 형, 동생과 함께 월산초등학교 교정에서 찍었다. 내가 보관하고 있는 사진 중 가장 오래된 가족사진이다.

· 유년 시절부터 담양 월산교회에 다녔다. 주일학교 친구들과 함께 교회 주변을 산책하기도 했다.

육군사관학교 진학 실패

고등학교에 입학한 후 다양한 진로를 고심했다. 결국 여러 가지 사정을 감안하여 육군사관학교에 들어가기로 결심했다. 당시는 박정희 대통령이 집권하던 시기로 군인 출신이 득세하여 육군사관학교가 인기 있었고 합격하기도 쉽지 않았다. 목표를 세웠으나 학교 교과과정만으로는 육사 필기시험에 충분히 대비할 수 없어 부족한 부분은 혼자 독하하며 밤낮으로 애를 썼다.

착실하게 준비한 덕분에 필기시험에 합격했다. 내 힘으로 노력해 얻은 결과에 참으로 기뻤다. 당시 절친하게 지냈던 친구가 현수막을 대신해 큰 종이에 '축 육군사관학교 필기시험 합격 양부남'이라는 내용을 적어 교문, 터미널 등에 부착해 줬다. 남은 과정은 신체검사와 체력검정이었는데 치아를 잘 관리하지 못해 충치가 있었다. '충치가 있으면 불합격'이라는 사실을 알고 있었으나 치료를 하면 문제되지 않는다고 생각했다. 부친에게 충치 치료를 받게 해 달라고 처음으로 간청했으나 부친은 단호히 거절하셨다.

부친은 6·25 때 친척들이 좌·우익으로 갈라져 서로 상처를 남긴 것 때문에 군인이라면 무조건 싫어했다. 아무리 설득해도 부친의 뜻은 확고했다. 계속 조르자 "육사를 갈 바에는 농사를 지어라"고 말씀하셨다. 부친의 완고한 뜻을 확인한 이상 도움을 기대할 수 없었다. 이제 '어떻게 하면 육사 신체검사를 통과할 수 있을까' 고심하기 시작했다.

혼자 고민한 끝에 '먼저 체력검정을 받는다. 체력검정에서 만점에 가깝도록 득점을 얻는다. 체력검정이 우수하다면 신체검사에서 충치가 있어도 합격시킬 것이다'라는 결론을 얻었다. 지금 생각하면 참으로 유치하고 전혀 합리적이지 않는 계획이었지만 당시에는 최선이라고 믿었다. 하나님께 '체력검정을 먼저 받고 신체검사를 받을 수 있도록 해 달라'고 기도하면서 체력검정 만점을 위해 열심히 운동했다.

모친은 부친과 달리 내가 육사에 합격하기를 바라셨다. 평소 잘 먹지 못했던 귀한 달걀을 아침마다 1개씩 주셨다. 나는 달걀을 먹고 힘내서 형이 자전거를 타고 앞서 가면 자전거 속력에 맞춰 초등학교까지 뛰어가서 오래달리기, 던지기, 턱걸이, 넓이 뛰기, 던지기 등 체력장 연습을 준비했다.

결전의 날이 다가왔다. 나는 체력검정을 대비해 운동화까지 새로 구입했다. 모친은 고구마, 달걀, 옥수수를 삶아서 가방에 넣어 주셨다. 잔뜩 긴장된 맘으로 난생 처음 기차를 타고 서울역에 도착했다. 듣던 대로 사람이 엄청 많았다. 외사촌 형님 집에서 잠을 자고 다음 날 육군사관학교에 갔다. 그런데 간절했던 기도와는 달리 나는 신체검사를 먼저 받는 조에 편성되어 있었다. 결과는 낙방이었고 정신적으로 충격이 컸다. 충치로 인해 인생이 바뀐 것이었다.

· 고등학교 수학여행 때 선생님과 친구들과 찍은 사진

· 고등학교 시절 학도 호국단장을 했다.

전남대 법대 합격

　육군사관학교 신체검사에서 떨어진 후 나는 엄청난 실의에 빠졌다. 고등학교 3년 내내 혼자 독학하여 학교 선생님들도 기대하지 않던 육사 필기시험을 합격하였으나 결국 불합격되었으니 그 좌절감은 이루 말할 수 없었다.
　그해 학력고사 결과, 나는 실업계 고등학교에서 손가락에 꼽힐 정도로 고득점을 얻었나. 물론 인문계 고등학교에서 생각하면 우스운 일이겠지만, 집안 형편상 고등학교 3년 내내 1등을 놓치지 않으면서도 일반대학교 진학은 단 한 번도 꿈꾸지 않았다. 시골에서 대학교를 간다는 것은 상상하기 어려웠기 때문이다.
　낙심해 있던 나에게 부친은 사범대학교에 진학해 선생이 되라고 권하셨다. 그러나 나는 일반대학교도 관심이 없어서 무슨 과가 있는지도 알지 못했고 어떤 과가 적성에 맞을지도 고민하지 않고 있었으며, 사범대는 아예 진학할 생각도 없었다. 우여곡절 끝에 법대를 가는 것으로 결정이 났다. 대학 진학의 목표는 사법고시 합격이 아니라 보통고시(현 7급)에 합격해 담양군청에서 근무하는 것이었다.

학과를 결정했으니 그다음은 어느 대학교에 갈 것인가를 결정해야 했다. 당시 학력고사 성적으로는 서울시내 모 대학교 법과대학 장학생으로 갈 수 있었으나, 먹고 자는 것을 해결할 수 없었다. 장고 끝에 포기하고 전남대학교 법과대학에 진학하기로 결정했다. 평생 법과대학 진학을 생각해 본 적도 없었기에 판검사가 무엇을 하는 사람인지도 몰랐다. 관심도 없었던 법과대학에 진학하며 예상치 못했던 인생길을 걷게 되었으니 사람은 각자 주어진 운명이 있는 것 같다.

입학시험을 보던 날에도 작은 해프닝이 있었다. 담양에서 출발해 가다 보니 생각보다 오래 걸려 지각한 것이다. 시험장에 도착해 보니 이미 시험지가 배포되고 있었다. 동행했던 형님은 시험장에 들어가서 감독관들에게 '시험을 보게 해 달라'며 통사정을 했다.

시험장 문밖에서 지켜보던 나는 '못 보면 말지 그까짓 것 가지고 뭘 저렇게 애걸복걸하는가?' 생각하며 멀뚱히 서 있었다. 형님의 정성에 감복했는지 잠시 후 시험장 입실이 허락되어 시험을 볼 수 있었다. 어렵지 않게 시험을 치른 나는 장학생으로 입학을 했다. 당시 80명 중 10위 이내에 들었던 것으로 기억하고 있다.

· 대학 1학년 때 교회 후배들과 추월산에 오르곤 했다. 지금도 시간이 날 때마다 등산을 즐긴다.

표류하는 대학생활

    1980년 봄부터 시작된 나의 대학생활은 순탄치 않았다. 집에서 충분한 지원을 받지 못했기에 생활비를 직접 벌어야 했다. 학교 부근인 중흥동에서 자취하면서 과외를 했는데, 학생들이 과외비를 내지 않아 생활고를 겪었다. 전두환이 집권하면서 상황이 더 악화되었다. 과외금지령을 내려 그마저도 할 수 없게 된 것이다.

    시대적으로도 녹록지 않았다. 입학한 지 얼마 되지 않아 '전두환이 물러가라', '신현확이 물러가라'를 목 터지게 외치며 최루탄 가스를 마셔 가면서도 금남로, 충장로를 헤매고 다녔다. 대부분의 대학생이 그 대열에 합류했지만, 동기생 중 일부는 서울권 대학교로 진학하기 위해 자퇴하고 공부를 다시 하는 경우도 있었다.

    캠퍼스의 낭만을 꿈꾸지 않았지만, 나는 대학교에 입학하자마자 길 잃은 돛단배가 되어 표류하고 있었다. 무엇을 목표로 해야 할지, 어떻게 살아야 할지 막막했다. 부모의 기대와 생활의 어려움, 채워지지 않는 갈증을 억누르며 그저 힘든 하루하루를 견딜 뿐이었다.

1980년대 대학생은 2년간 교련 교육을 의무적으로 받아야 했다. 1학년 때 향토사단에 입소하여 10일간 군사훈련을 받았고, 2학년 때에는 전방 GOP사단에서 또 10일간 군사훈련을 받았다. 1980년, 우리는 군부대 입소훈련을 극렬히 반대했다. 그러자 31사단장이 직접 학교를 방문하여 설득하였고, 그 결과 삭발하지 않고 입소하는 것으로 정리되어 나는 1980년 5월 15일 31사단에 입소했다.

법대생과 사범대생들이 31사단에 입소했는데, 막상 군에 입소하니 우리들은 위축되었고 군인들은 함부로 대했다. 약 6일 정도 지난 5월 21일 각개전투 훈련을 하는데 총을 지급하지 않고 회수해 갔다. 오후가 되자 훈련을 중단하고 내무반에서 휴식을 취하라는 명령에 우리는 이유도 모르고 쉬었다. 저녁을 먹고 난 후 구대장이 매우 심각한 표정으로 "광주 시내에 폭도들이 준동하여 오늘 밤 31사단을 습격할 예정이라는데, 31사단 본부는 너희를 지킬 병력이 없으니 귀가 준비해서 대강당에 모여라"라고 말했다. 우리는 구대장의 명령대로 귀가 준비를 하고 내강낭에 모였다.

다시 모인 우리 앞에 부사단장 정도 되는 계급이 꽤 높은 사람이 연단에 올라 연설을 시작했다. "광주 시내에서 폭도들이 내란을 일으켰다. 휴가 나온 군인들의 코와 귀를 낫으로 베었다. 오늘 밤 31사단을 습격하는데, 모든 병력이 시내의 폭도들을 제압하기 위해 출동하여 현재는 병력이 없어 여러분을 보호할 방법이 없다. 그러니 전부 각자 알아서 귀가하라"고 하였다.

우리는 아무런 정보가 없는 상태에서 그 사람 말을 믿을 수밖에 없었다. 그래서 그가 "국가가 위란에 처했다. 국가를 위한 마음을 담아 애국가를 3절까지 제창하자"고 제안하자 이에 호응해 애국가를 힘차게 불렀다. 애국가를 부르고 난 다음 31사단 군인들은 우리를 정문까지 인솔한 후 돌아가라고 했다. 우리는 입소할 때 복장인 교련복에 베레모를 착용하고 각자 소지품을 넣은 가방을 메고 삼삼오오 짝을 지어 학교로 향했다. 대략 150여 명이었던 것으로 기억한다.

그날 밤, 달이 밝았다. 그러나 광주 시내는 전깃불이 전부 꺼져 있었고, 길가에 앉아 있던 시민들은 "공수부대가 시민들을 닥치는 대로 죽이고 있다. 특히 젊은이들은 무조건 잡아가고 죽이고 있으니 조심하라"고 했다. 곧이어 주변에서 총소리가 들려 군에서 들었던 이야기가 '거짓'이라는 것을 알게 되었다.

잠시 후 무리 중 누군가가 "우리들이 이런 복장으로 돌아다니다가는 공수부대로 오인받을 수 있으니 베레모와 교련복을 벗고 체육복으로 갈아입자"고 제안했고 상당수 학생들이 체육복으로 바꿔 입었다. 나는 '별일 있겠냐' 싶어서 갈아입지 않았다. 누가 말한 것도 아니었지만 대부분의 학생들이 전남대학교 후문까지 걸어갔다. 후문에는 계엄포고령이 부착되어 있었다. 우리가 31사단에 입소한 지 며칠 지나지 않은 5월 18일 계엄령이 선포되었던 것인데, 우리는 군에 있어서 그 사실을 전혀 몰랐던 것이다.

계엄령 사실을 확인하고 절친한 친구 2명과 함께 자취방으로 가던 중 중흥동 다리를 지나는데, 갑자기 소총 노리쇠를 전후진 시키는 소리가 들리면서 복면을 한 자가 총을 들고 나와 손을 들라고 했다. 시민군이었다. 우리의 신분과 여기까지 오게 된 경위를 듣고 나서야 중흥동 다리 통과를 허락했다.

등골이 오싹하고 겁이 났다. 자칫 잘못하면 죽을 수 있겠다는 공포감을 느꼈다. 겁을 잔뜩 먹은 상태에서 간신히 자취방에 돌아왔다. 주인집 아주머니는 나를 보더니 며칠 동안 보이지 않아 '죽은 줄 알았다'며 갑자기 나타나자 놀라서 어쩔 줄을 몰라 했다. 아주머니로부터 5월 15일부터 일어난 일을 전부 들었다.

그날 저녁 자취방에서 잠을 자는데 밤새도록 총소리가 났다. 다음 날 아침 일어나자마자 고등학교 교련 선생님 댁으로 갔다. 선생님과 사모님은 나를 보더니 깜짝 놀라시면서 "빨리 광주를 떠나라"고 하셨다. 거리에는 탄피가 널려 있고, 곳곳에 불에 탄 차량들이 방치되어 있었다. 교련복 차림의 학생들이 총을 메고 다니는 모습이 눈에 띄었다. 시내에는 시민군들이 차량을 타고 다니면서 시민군 가입을 권유하는 방송을 하고 있었다.

나는 일단 광주를 떠나기로 결심하고 친구와 함께 광주교도소 앞을 지나 담양까지 걸어갔다. 가는 도중 공수부대 초소에서 검문을 당하여 일사려를 받았고, 담양 입구 공고 앞에서 다시 검문을 당하는 등 우여곡절 끝에 담양 집에 도착했다. 집에 돌아와서 낮에는 보리 베기, 모내기, 김매기 등 농사일을 하고, 밤에는 미래에 대한 깊은 고민을 하면서 지냈다. 9월이 되어도 학교는 개학하지 않았다. 9~10월경 경찰대학교 1기 모집 시험이 있어 응시하였으나 필기시험에서 낙방했다. 11월 즈음이 되어서야 학교는 개학했는데, 리포트 제출로 시험을 대신하며 1학년이 허무하게 끝났다. 사회적 혼란 속에서 고뇌하고 번민만 하다가 1년이 지나 버렸다.

휴학 및 군 입대 결정

　2학년이 되자 동기생 중 부지런한 친구들은 고시를 준비하기 시작했다. 덩달아 고시 공부를 한번 해 보려는 마음이 생겼다. 일단 어떤 사람들이 사법시험에 합격하는지 먼저 알아봐야겠다는 생각이 들어 중앙도서관에 가서 고시잡지를 빌려 합격 수기를 읽어 봤다. 대부분의 합격자들은 명문고, 명문대학 출신들이어서 '역시 나 같은 환경에서 자란 사람은 어렵겠다'고 지레 판단했다.

　담양 집에서 자전거를 타고 읍 터미널까지 가서 광주행 버스를 타고 문화동에서 내려 학교까지 걸어가는 통학 루트, 주말에는 집 농사일을 돕는 반농 반학의 일상, 교과서 구입할 돈이 없어서 1,000원으로 광고 앞 헌책방에서 책을 구입해 공부하는 경제 조건으로 대학 2학년을 보냈으니 '고시 공부는 내 형편에 언감생심'이라는 생각이 들었다.

시작하기도 전에 미리 열패감에 빠져 나오는 거리가 먼 나라의 이야기라는 데 생각이 미치자, '계속 대학을 다닐 것인가?'라는 물음까지 이어졌다. 비전 없는 대학생활에 회의를 품게 되었다. 도저히 이 같은 패턴으로는 대학을 계속 다닌다고 해도 의미가 없고 희망도 없어 보였다. 결단이 필요했다. 고민을 거듭하다 고시를 포기하는 대신 고시에 전념할 수 있는 자금을 먼저 확보하기로 결심했다. 그 방법이 ROTC(Reserve Officer's Training Corps, 학군사관)였다. 장교생활을 해서 돈을 모으기로 한 것이다.

그런데 함께 하기로 의기투합했던 친구가 당일 포기하는 바람에 혼자 지원해야 하는 상황이 갑자기 발생했다. 당시 법대 분위기상 혼자 지원하는 것은 부담스러웠다. 휴학하고 군에 다녀오는 것이 지금 상황에서 최선이라는 결론을 내렸다. 앞날을 계획할 수 없는 막막한 상황에서 도피처로 군대를 생각했다.

운명을 바꾼 학사장교 후보생 모집 공고

　1981년 11월 초 즈음 휴학 절차를 밟기 위해 대학본부로 가던 길이었다. 학생회관 앞에 붙은 한 장의 포스터가 눈길을 끌었다. 육군단기사관장교(학사장교) 후보생 모집공고였다. 학사장교는 대학 졸업자나 졸업 예정자를 대상으로 소정의 시험을 거쳐 선발한 뒤 장교로 임관해 3년 근무하는 제도다. 이 공고를 보자마자 '나를 위해 만든 제도'라는 느낌을 받았다. 갑자기 미래에 대한 희망이 생겼다.
　병역도 마치고 고시자금도 마련하기 위해 ROTC 후보생에 지원하고 싶었지만 혼자 하기 부담스러워 포기하고 군대에 입대하려던 순간, 한 줄기 서광이 비쳐온 것이다. 육군단기사관장교 제도는 졸업 후 군사교육을 받기 때문에 상대적으로 부담이 없었다. 교련교육을 2년 받았기 때문에 사병으로 입대할 경우 2년이면 제대할 수 있지만, 육군단기사관장교로 가게 되면 교육 기간을 포함하여 약 40개월 정도로 근무 기간이 늘어났다. 기간이 길어졌지만, 그 정도는 문제되지 않았다.

공고를 본 자리에서 휴학 결심을 철회했다. '대학을 졸업하고 장교시험에 합격한 뒤 장교로 군대생활을 한다. 군에서 모은 돈으로 고시를 준비한다'는 계획을 세웠다. 다시 꿈꿀 수 있는 희망이 생겼다는 것만으로도 세상을 얻은 기분이었다. 방향이 결정되고 방법이 생겼으니 어떤 어려움이 있어도 이겨 낼 수 있을 것 같았다. 내 힘으로 차근차근 미래 계획을 세울 수 있겠다는 자신감이 생겼다. 양부남의 인생 로드맵이 결정되는 순간이었다. 나는 이 계획대로 장교시험에 응시하고 삼사관학교에 입교해 40개월 동안 군인으로서의 삶을 살게 되었다. 내 힘으로 내 삶을, 내 운명을 개척해 보려 선택한 길이었지만 지금까지의 삶이 그러했던 것처럼 임관까지 과정도 순탄치 않았다.

육군학사장교 후보생 합격

　1983년 가을 대학 4학년 마지막 학기, 장교시험에 응시했다. 시험과목은 학점, 신체검사, 체력검정, 면접이었다. 다른 것은 전부 자신이 있었는데 문제는 작은 키였다. 모집 요강에는 신장 165cm 이상으로 명시되어 있었는데, 나는 0.5cm가 부족한 164.5cm였다.
　시험 전날 영천 삼사관학교 앞 여관에서 함께 간 친구들과 저녁을 먹고 잠을 자는데, 기준보다 0.5㎝ 작은 키 때문에 떨어질까 조마조마해서 잠이 오지 않았다. 여관 방 모퉁이에 서서 수없이 몸을 늘려 보았지만 갑자기 커지는 이변은 일어나지 않았다. 밤을 꼴딱 새우다시피 하고 다음 날 시험장에 갔다. 응시생들은 전부 장신이었는데, 시험관도 응시생도 키에 관심이 없어보였다. 165cm가 안 되는 사람은 지원하지 않았을 것으로 미루어 짐작하는 분위기였다.

나는 이 점을 이용하기로 했다. 신장 측정기에 서자마자 양팔을 올리면서 발뒤꿈치를 들었다. 측정관은 내가 무슨 이유로 양팔을 올렸는지 생각도 하지 않는 것 같았다. 아마도 당연히 165cm 이상은 될 것이라고 짐작한 것 같다. 측정 결과는 165.5cm. 응시 기준이던 165cm를 넘겼다. 가장 마음 졸였던 신장 문제를 해결하고 나니 나머지는 아무것도 아니었다. 체력검정도 쉽지는 않았지만 무사히 통과하고, 합격했다.

당초 헌병에 지원했는데 보병에 합격했다. 1984년 대학을 졸업하고 집에서 입대일인 3월을 기다리고 있었다. 그런데 2월 중순쯤 삼사관학교에서 병과를 기갑으로 바꿀 의사가 있는지 물어 왔다. 기갑이 뭔지도 몰랐던 나는 친분이 있던 직업군인에게 "삼사관학교에서 보병에서 기갑으로 병과 변경의사를 묻는데 어떻게 하면 좋겠냐"고 상의했다.

그 장교는 "기갑은 탱크를 타는 전차 부대인데, 3보 이상 승차, 최전방에도 가지 않고 근무 조건이 보병보다 훨씬 좋다. 바꾼다고 해라"라고 조언했다. 이어 "그렇지만 수기사(맹호부대) 전차부대는 가게 되면 죽는다. 담배 연기도 직각으로 꺾어 올라갈 정도로 군기가 세고 훈련이 힘들다"는 정보를 알려 줬다. "근무 조건이 보병보다 좋다"는 이야기만 귀에 쏙 들어왔던 나는 주의사항은 흘려듣고 "당장 기갑으로 바꾸겠다"고 삼사관학교에 연락했다.

· 대학생활을 마무리하는 졸업식, 형과 동생이 새로운 출발을 응원해 주었다.

제2의 인생 출발, 삼사관학교 입교

　대학교를 졸업하고 4월 14일 입교 전까지 모처럼 시간이 나자 오만 가지 생각이 들었다. 대학생활을 돌이켜 보니 즐거운 추억보다 아픈 추억이 많았다. 가난, 열등감, 불투명한 미래에 대한 근심걱정으로 얼마나 많은 밤을 지새웠던가? 스스로를 얼마나 많이 비하했던가? 입교일이 점점 가까워지자 지금까지 열패감, 자기비하, 자격지심에 젖어 있던 지난 과거의 기억을 씻어 버리고 싶었다. 삼사관학교 입교를 계기로 새롭게 태어나고 싶었다.
　입대 전날, 어린 시절부터 대학교 때까지 찍었던 사진을 전부 부엌 아궁이에 넣고 태워 버렸다. 사진이 불속에서 활활 타자 아팠던 내 과거도 사라지는 것 같았다. 사진이 재로 변해 가는 것을 보고 마음속으로 다짐했다. "새로운 인생을 시작하자. 삼사관학교 입교를 통해 다시 태어나자"고 의지를 불태웠다.

입교일이었던 그해 4월 14일, 집 마당에 심어진 살구나무 꽃이 만개했다. 화사하게 꽃을 피운 살구꽃도 그날은 어쩐지 나의 삶처럼 고단하게 보였다. 부모님께 "잘 다녀오겠습니다" 하고 인사를 드렸더니, 모친은 "없는 집에 태어나 고생한다. 부모가 되어서 뒷바라지도 못하고 미안하다. 건강하게 잘 다녀와라"라고 말씀하시며 나를 껴안고 우셨다. 갑자기 서러움이 복받치며 나도 눈시울이 붉어졌으나 이를 악물고 참았다.

교회 후배가 배웅하기 위해 오토바이를 타고 오면서 겨우 마음을 추스르고 집을 나설 수 있었다. 담양읍까지 놓인 신작로 양옆으로 보리가 파랗게 자라서 바람결에 흔들리고 있었다. 마치 '잘 다녀오라'고 손짓하는 것만 같았다. 담양읍에서 광주 고속버스터미널에 도착해 기다리던 친구와 짜장면 한 그릇을 사 먹고 친구 전송을 받으며 대구행 버스에 몸을 실었다.

우측 늑골 골절 그리고 임관

　새로운 삶이 시작됐다. 육군학사장교 후보생 제6기로 삼사관학교에 입교했다. 훈련 기간은 12주. 동기생 약 480여 명과 함께 훈련받았다. 내 체격과 체력으로는 훈련을 감당하기 힘들었으나 이를 악물고 악으로, 깡으로 견뎌 냈다. '돌아갈 곳이 없다'며 스스로를 채찍질했다. 그런데 마지막 유격훈련 과정에서 우측 갈비뼈가 골절되었다. 갈비뼈가 골절된 상태에서 진통제를 복용하며 훈련을 마쳤다. 해발 700m 화산유격장 정상에서 군장을 메고 산 아래까지 내려오면서 겪었던 육체적 고통은 지금도 잊을 수가 없다. 산 아래에서 삼사관학교까지의 거리는 약 50㎞ 정도. 나는 중간에 군장을 앰뷸런스에 실어 보내고 행진 및 구보로 심사관학교까지 행군을 마쳤다.
　다음 날 아침 의무실에 갔더니 우측늑골 골절이라고 진단했다. 군의관은 "휴식이 필요하다"고 했다. 구대장은 "귀가하고 다시 사병으로 입대하든지, 아니면 남은 훈련을 받든지 선택하라"고 냉정하게 말했다. 남은 훈련 기간은 약 2주. 대부분 실내 교육이었지만, 100㎞ 행군이 남아 있었다. 지금 포기하고 집으로 돌아가게 된다면 모든 계획이 물거품 될 처지였다. 무슨 일이 있어도 훈련은 끝까지 마쳐야 했다.

마지막 100㎞ 행군의 날, 나는 통증을 줄이기 위해서 온몸에 압박붕대를 감았다. 저녁을 먹고 난 뒤 행군이 시작됐다. 중대장은 나에게 "자신 있냐?"고 물었다. 나는 힘들었지만 "자신 있다"고 대답했다. 행군 중 쉬는 시간이 되자 참을 수 없는 갈증에 어둠 속에서 철모로 논에 있는 물을 떠서 마셨다. 입안에서 흙이 느껴졌다.

무박으로 밤새 걷고, 다음 날 작열하는 태양 아래에서 또 걸었다. 체력의 한계에 다다랐다. 휴식 시간에 철모로 자양댐 물을 떠서 마셨는데, 땀이 밴 철모 주위로 물 위에 기름띠가 형성되었다. 끝나지 않을 것만 같았던 행군도 결국 끝났다. 잔인했던 그 여름 1984년 7월 7일, 나는 육군 소위로 임관했다.

• 육군 소위로 임관한 직후 고향집을 방문했다. 어머니, 고모, 동생은 무사히 교육을 마친 나를 반겼다.

· 맹호부대 동료 장교와 함께 찍은 사진이다. 소대장으로 부임해 40개월을 복무했다.

O.B.C(초등군사반) 수석 수료

임관 1주일 후 광주 상무대 기갑학교 O.B.C(초등군사반) 과정에 입교했다. 동기생 60명과 약 4개월 동안 기갑장교 임무 수행에 필요한 전차 정비, 조종, 포술, 전술적 운영 등을 익혔다. 교육 기간이 중간에 이르자 '수기사로 배치되면 힘들다'는 소문이 돌기 시작했다. 그때서야 입교 전 조언을 구했던 장교의 말이 생각났지만, 나는 '체구도 작고 체력도 다른 동기생에 비해 열등하므로 가지 않을 것'이라고 확신해 크게 걱정하지 않았다. 동기생들 사이에서는 수료하기 약 2~3주 전부터 '누가 수기사로 갈 것인가'가 초미의 관심사였다. 아무도 희망하지 않았고 모두가 기피했다.

드디어 임지 발표일이 다가왔다. 동기생 전원이 복도에 집합했다. 구대장이 앞으로 나서자 장내는 일순간 조용해졌다. 초미의 관심사였던 수기사 배치 장교를 제일 먼저 발표하겠다고 하자 긴장감이 감돌았다.

구대장 입에서 "수기사 소위 양부남"이라는 이름이 불리자마자 나머지 동기생들은 일제히 박수를 쳤다. 자신들은 비껴갔다는 기쁨과 환호의 박수였다. 나는 순간 내 귀를 의심했다. 가장 왜소했던 내가 다른 동기생 1명과 함께 수기사 배치를 명받은 것이었다. 나는 이 과정에서도 수석을 차지해 육군참모총장상을 받았다.

맹호부대 26여단 8전차대대 근무

　상무대에서의 교육까지 마치고 1984년 11월 수도기계화보병사단(맹호부대) 26여단 8전차대대 2중대 1소대장으로 부임했다. 그 후 소대장, 작전교육장교, 중대장을 맡았는데, 군 복무 기간이 끝나 가던 중대장 시절 뜻하지 않게 부대원의 죽음을 맞이한 일이 가장 가슴 아픈 일로 마음에 남아 있다.

　1987년 6월 초, 중대원이 죽는 꿈을 꿨다. 매우 불길하게 느껴졌으나 깨어난 뒤에 바쁜 일상이 시작되자 꿈에 대해 깊이 생각할 여유가 없어 잊고 지냈다. 당시 우리 부대는 주간에는 본연의 임무인 군사훈련을 하고 밤에는 충정훈련을 했다. 민주화와 대통령 직선제 헌법개정으로 학생들과 시민들의 시위가 심해지자 우리 부대까지 만약의 출동에 대비해 충정훈련을 실시하고 있었던 것이다.

　약 1주일 정도 지난 1987년 6월 14일. 주간에 중대원들을 데리고 사격장에 가서 사격훈련을 시켰다. 실탄 20발을 가지고 100m, 200m, 250m 표적을 쏘아서 18발을 맞춰야 합격하는 훈련이다. 결코 쉽지 않았다. 불합격하면 심한 얼차려를 시켰다. 내가 관심을 가지고 지켜보고 있던 이등병은 불합격했다. 당연한 수순으로 얼차려를 받았다.

일과를 마무리할 시간이 되어 가자 불합격자들은 다음 날 다시 사격훈련을 받기로 하고 훈련을 마쳤다. 나는 평상시처럼 저녁을 먹고 대대일직 사령 근무를 섰다. 내가 근무한 부대 단위는 오전 9시부터 저녁 6시까지 대대에서 발생한 상황에 대해 대대장이 모든 책임을 진다. 그러나 저녁 6시부터 익일 오전 9시까지는 일직사령이 대대에서 발생한 상황에 대해 책임을 진다. 중대장 이상 간부는 1주일에 1~2회 일직사령 근무를 하고, 소대장들은 일직사관 근무를 한다. 한마디로 말해 대대 일직사령은 야간 대대장 역할을, 중대 일직사관은 야간 중대장 역할을 하는 것이다.

당시 군은 저녁 9시가 되면 인원, 장비에 대한 점호를 마치고 이상이 없으면 10시에 취침했다. 그날 저녁 9시 30분경 우리 중대 소대장이 내가 일직사령 임무를 수행하고 있는 대대 상황실로 사색이 된 얼굴로 와서 "중대장님, A 이등병이 없어졌습니다. 내무반과 근무 부서를 뒤져 봐도 없습니다"라고 보고했다.

다시 한번 찾아보라고 소대장을 내보낸 뒤 곧바로 중대막사로 갔다. 중대막사 내무반에 막 발을 내딛는 순간, 어떤 환영이 영화의 한 장면처럼 눈앞으로 지나갔다. 생애 처음 경험하는 일이었다. 사라진 이등병이 중대막사 뒤편 화장실 들보에 목을 매고 있는 장면이었다. 전신이 떨리고 닭살이 돋았다. 나는 소대장에게 중대병력을 나누어 막사 뒤편 화장실과 부대 울타리를 수색하도록 했다.

· 맹호부대 26여단 8전차대대 2중대 1소대장으로 복무했다. 전차를 몰고 중부전선을 누비던 일, 팀스피릿 훈련에 참석했던 일은 지금도 자랑스러운 기억으로 남아 있다.

부대원의 죽음

잠시 후 중대막사 뒤편 중대 화장실 쪽에서 비명 소리가 들렸다. 급하게 달려가서 본 장면은 지금도 잊히지 않는다. 사라졌던 이등병이 미루나무에 목을 매고 있었다. 어마어마한 현실 앞에서 꿈을 꾸고 있는 것만 같았다. 나는 살려야겠다는 생각에 줄을 끊고 내린 뒤 앰뷸런스에 싣고 야전병원으로 달려갔다. 그러나 군의관은 사무적인 태도로 '사망' 진단을 내린 뒤 사라졌다.

이제 한 달 보름 정도만 지나면 전역할 예정이었다. 모아 둔 봉급과 퇴직금으로 고시 공부를 하며 꿈을 이루겠다고 계획을 세웠던 나는 완전히 무너졌다. '내 인생도 끝'이라는 절망감이 나를 감쌌다. 얼마 뒤 대대장과 중대 인사계(선임상사)가 병원에 도착했다. 대대장은 월남전에도 참전했던 사람으로 대령 승진을 눈앞에 두고 있었다. 중대 인사계는 18세 때 소년병으로 입대한 백전노장이었다.

나는 이들 앞에 "하늘을 우러러 한 점 부끄러움 없이 떳떳하게 근무했으나, 만약에 나도 몰랐던 잘못으로 병사가 자살을 했다면 응분의 책임을 지겠다"고 했다. 부대원들과 함께 부대로 복귀하여 대대상황실로 가보니 사단 헌병대장(육군중령), 여단 보안반장(육군대위)이 앉아 있었다. 상황실 책상 위에는 큰 종이 위에 조각난 종이가 퍼즐처럼 서로 짝을 맞춰 풀칠이 되어 있었고, 헌병대장이 그 조각난 종이 위에 형광펜으로 줄을 긋고 있었다.

상황을 파악해 보니, 자살 사건이 보고되자 사단 헌병대장과 여단 보안반장이 전 대대원을 동원하여 유서를 찾게 한 것이었다. 대대원 중 한 명이 사망한 병사가 그날 저녁 뭔가를 찢어서 버렸던 것을 기억하고 휴지통을 뒤져 종잇조각을 찾아낸 뒤 여러 갈래로 찢어진 종잇조각을 유서라고 생각하고 헌병대장에게 제출했다.

내가 도착해서 본 장면은 헌병들이 큰 종이 위에 풀칠하고 조각을 붙인 다음 헌병대장이 유서 내용 중 중요한 부분을 형광펜으로 표시하던 중이였다. '저 유서에 과연 뭐가 적혀 있을까?' 그때 나는 판결 선고를 기다리는 죄인의 마음과 같았다.

헌병대장은 마음을 졸이며 서 있던 나에게 "중대장이 근무는 잘한 것 같네. 유서에 잊지 못할 고마운 사람들을 거명했는데, 중대장이 거기에 포함되어 있어. 자살은 부대와 관계없는 개인적 이유"라고 했다. 나는 일단 안도의 한숨을 내쉬었지만, 책임이 있다면 피하고 싶지는 않았다.

중대장실에 가 보니 소지품이 없었다. 사단 헌병대에서 내가 부대에 복귀하기 전 전부 압수해 간 것이다. 그중에는 중대장이 중대원의 동향을 지속적으로 기재한 장부도 있었다. 정확한 명칭은 기억나지 않는데, 아마 '중대원 면담철' 정도 되었던 것 같다. 그 장부는 평소 중대원 관리를 어떻게 했는지 중대장의 근무 태도를 확인할 수 있는 자료였다.

   나는 고지식할 정도로 중대원 120명 동향을 지속적으로 적고 있었다. 특히 자살한 사병에 대해서 '복무하기에 문제가 있다. 조기에 의가사 전역을 시켜야 한다'는 내용을 여러 번 썼던 기억이 있었다.

'징계'와 '표창' 사이

  다음 날부터 나에 대한 조사가 본격적으로 시작됐다. 나중에 듣기로 사단 헌병대장이 사단장에게 자살 사고 원인을 보고하면서 "중대장은 자살한 사병을 비롯해 중대원 동향을 정확하게 파악하고 지속적으로 장부에 문제가 될 사안을 기재하며 관리할 정도로 부대 지휘를 잘하고 있었다"면서 그간 작성하였던 '중대원 면담철'을 보여 주었다.

  그런데 사단장은 "중대장이 현실적으로 매일 지속적으로 사병관리 일지를 작성할 수 없다. 부대관리를 잘못하여 부대원을 자살에 이르게 하고 그 잘못을 은폐하기 위해 중대원 면담철을 급조한 것으로 보이니 징계하라"고 했다고 한다. 이에 헌병대장이 "야전병원에서 부대 복귀 전 압수하여 면담철을 급조할 시간적 여유가 없었다"고 부연하자, 그제야 사단장은 "그렇다면 양 중위는 수기사 전 장교 중에서 가장 모범적인 장교"라며 표창하라고 지시했다고 한다.

이 같은 상부의 대책회의가 이루어지던 다음 날, 대대장은 나를 불러 사단장의 말을 전해 주면서 "사고가 나고도 칭찬받는 부대는 우리밖에 없을 것"이라고 했다. 죄책감과 긴장감 등 초조하고 불안한 마음으로 대기하던 나는 사단장, 헌병대장, 대대장에게 고마웠다. 다른 한편으로는 대령 진급을 앞둔 대대장에게 이 사건이 누가 되지는 않을까 마음에 걸렸다.

약 일주일 정도 사단 헌병대와 여단 보안부대에서는 우리 중대원들을 상대로 무작위로 중대장의 근무태도, 중대 분위기 등을 조사했는데, 그 결과 중대장이었던 내 책임은 없는 것으로 결정 났다. 모든 조사가 끝나고 한시름을 덜게 되자 대대장은 나를 원망하기 시작했다. 휴가 자격이 안 되는 사병을 휴가 보내서 죽게 했다는 것이었다. 어느 정도 일리가 있는 말이었다. 당시 맹호부대 사병은 일정한 기간이 지나고 사격술 합격, 태권도 1단 취득, 공산주의 태동에서부터 해방신학에 이르기까지의 공산주의 관련 시험에 합격해야만 비로소 휴가를 나갈 수 있었다.

그런데 세상을 등진 사병은 위 조건을 하나도 충족하지 못했지만, 내가 직권으로 휴가를 보냈다. 그 사병은 군에 입대하지 않아도 되는 3대 독자였는데, 만 20세가 안 되어 자원입대했다. 자주 면담하면서 힘든 점이 없는지 파악했는데, 가정사 문제로 입대했지만 군대에 적응하지 못해 힘들어하고 있었다.

나는 의가사 전역을 시켜야겠다고 생각했다. 휴가를 보내 주면 의가사 제대에 필요한 서류를 가져올 수 있는지 물었더니 가져올 수 있다고 하여 휴가를 보냈던 것이다. 휴가를 마치고 복귀했을 때 "필요한 서류를 가져왔냐"고 물었고, 사병은 "가져왔다"고 대답했다. 답변을 들었으나 부대에 일이 많아 차분히 면담하지 못하던 차에 사건이 터졌다.

나는 이를 두고두고 후회했다. 아무리 바빴더라도 사병이 복귀하자마자 면담하고 서류를 가져오지 못했더라도 안심할 수 있도록 다독였다면 죽지 않았을지도 모른다는 자책감이 지금도 남아 있다. 중대원들은 사기가 떨어졌고 밤이 되면 화장실 가는 것도 두려워했다. 나는 중대원들의 두려움을 떨쳐 주기 위해 상당한 기간 화장실 주변에서 보초를 섰다.

부대원의 죽음에 대한 자책감, 대대장의 질책 등으로 매일매일 괴로웠다. 통상 장교들은 전역 전 1개월 또는 보름 정도는 취업 준비를 할 수 있도록 허용하는 분위기였지만, 대대장의 질책을 받았던 나는 제대하는 날까지 계속 근무해야 했다.

전역 하루 전인 1987년 7월 30일 폭우가 쏟아지는 날, 대대 사병식당에서 중대장 이임식을 했다. 사병들이 병아리처럼 도열한 가운데 후임 중대장에게 지휘관 견장, 지휘봉, 중대기를 인계함으로써 식을 마쳤다. 중대원들은 식당 입구에서부터 부대 입구까지 비를 맞으면서 떠나가는 나를 환송했다. 가벼운 가방 하나 손에 든 나는 비를 맞으면서 중대원 한 명 한 명과 악수를 나눴다. 다시 만날 수 없겠지만, 몸 건강히 잘 근무하다 전역하기를 바라며 8전차 대대를 떠났다.

40개월의 군 생활 동안 부대원의 죽음, 추위와의 싸움, 체력의 한계, 수면 부족 등 인간이 겪을 수 있는 한계상황은 거의 다 경험한 것 같다. 전차를 몰고 중부전선을 누비던 일, 두 번에 걸친 팀스피릿 훈련도 기억에 남는다. 특히 경기도 안성에서부터 강원도 횡성까지 전차를 몰고 작전을 펼쳤던 일은 자랑스러운 추억으로 남았다.

8전차 대대를 떠나 사단 본부로 가서 1박 하고 그다음 날 동기생 14명과 전역식을 가졌다. 전역식 후 가진 오찬자리에는 사단 본부 및 직할대 중령 이상 장교들이 전부 참석했다. 당시 사단장인 조○○ 소장은 오찬자리에서 제일 먼저 내 이름을 호명했다. 중대원 자살 사건으로 나에 대해 알고 있었던 것 같았다.

사단장은 나에게 취업이 결정됐는지 물었고, 나는 고시 공부 계획을 밝혔다. 군사정권 시절이라 전역 장교들은 원서만 내면 대기업에 취직할 수 있었다. 동기생들은 전부 취업했지만 나만 취업하지 않았던 상황이었다. 사단장은 꼭 합격하기를 바란다고 덕담을 해 주었다. 시작과 끝이 순조롭지 않았던 나의 군대생활은 이렇게 막을 내렸다. 만 40개월을 근무하고 나에게 남은 것은 퇴직금을 포함, 약 400만 원의 돈이었다.

· 맹호부대에서 고락을 함께 나눈 동료, 선배 장교와 기념촬영 했다.

귀향과 새로운 갈등

　1987년 8월 1일. 뜨거운 태양이 서산으로 넘어가고 땅거미가 내려앉은 저녁 무렵 고향마을 입구에 들어섰다. 동네 풍경은 40개월 전이나 지금이나 아무 변화가 없었다. 집으로 가던 길에서 외삼촌을 만나 인사드렸는데, 바로 취직하지 않고 고시 공부를 하려는 내 계획에 대해 걱정하셨다.
　당연했다. 내 나이 28세. 명문대를 나온 것도 아니었고 크게 내세울 것이 없었으니, 보통 어른이라면 당연히 할 수 있는 걱정이었다. 집에 도착해 보니 다음 날 내가 태어나 살았던 집에서 이사를 해야 할 형편이었다. 부친이 남의 땅에 집을 짓고 40년 이상 임차료를 지불하며 살아왔는데, 갑자기 지주가 "집터를 포함한 주변 땅을 전부 사든지 아니면 다른 곳으로 이사하라"고 요구했다는 것이다.
　부친은 지주가 요구하는 땅값이 너무 비싸다고 판단하고 이사를 결정했는데, 마침 내가 제대한 다음 날이었다. 일단 마을 사람들의 도움으로 이사했는데, 집이 너무 좁고 낮아 살기에 무리가 있어 보였다. 이삿짐을 다 옮기고 나자 부친께서 하는 말씀이 돈 100만 원만 있으면 이사한 집과 앞집을 서로 교환할 수 있다고 하셨다. 앞집은 이사한 집보다 훨씬 넓었다.

나는 즉시 내가 모은 전 재산 400만 원에서 100만 원을 부친에게 드리고 당일 앞집으로 이사했다. 하루에 두 번 이사한 것이다. 나에게 남은 재산은 300만 원으로 줄어들었다. 그날부터 새로 이사한 집을 수리하면서 하루하루를 보냈다. 시간이 흐르면서 전역할 때 가졌던 결심이 약해지기 시작했다. 내 눈앞에 펼쳐진 현실은 고시 공부에 대해 회의를 갖게 했다.

부친은 나에게 "남은 돈 300만 원으로 논을 사서 논에서 나오는 임차료로 고시 공부를 하면 좋을 것 같다"고 하셨다. 매우 합리적이고 현실적인 대안이 될 수 있었다. 하지만 그렇게 하면 고시 공부 기간이 장기화될 수도 있겠다는 생각이 들었다.

이런저런 생각을 하면서 지내고 있는데, 어느 날 가깝게 지내던 교회 목사님께서 인근 계곡으로 바람 쐬러 가자고 하셨다. 신앙을 비롯해 여러 이야기를 나누던 중 목사님은 "착하고 직장이 있는 아가씨와 결혼하여 고시 공부를 하는 게 어떻겠냐"라고 조심스럽게 물었다. 당시만 해도 나이 28세면 결혼해야 하는 분위기였다. 나를 아끼고 걱정하는 마음에서 제안하신 말씀이었는데, 마침 눈여겨본 참한 규수가 있다고 하셨다. 그러나 이것도 고시 공부를 장기화하는 요인이 될 수 있다는 생각이 들었다.

본격적인 사시공부

8월 말이 되면서 나는 부친의 제안도, 목사님의 제안도 다 거절하고, 완도 보길중학교에서 교사를 하고 있던 형님을 따라 보길도로 들어갔다. 4년 만에 본격적으로 공부를 시작하기로 결심한 것이다. 당연히 눈에 들어오지 않고 이해도 되지 않았다. 군에서 본 책이라고는 민법 중 친족상속법을 한 번 본 것이 전부였다.

아무리 장교로 군대에 갔어도 공부할 시간은 고사하고 잠 잘 시간도 부족했다. 책을 들여다봐도 머릿속에서는 탱크 궤도 굴러가는 소리만 들렸다. 마음은 급한데 큰일이었다. 되지도 않을 고시 공부를 괜히 시작했다는 생각까지 들었다. 추석 무렵 명절을 쇠러 집에 가면서 짐을 챙겨 보길도를 나왔다.

추석을 지내고 광주 시내 독서실에서 고시 공부를 다시 시작했다. 독서실은 너무 좁아 숨이 막힐 것 같았다. 몇 년 동안 산야를 누비던 몸은

정적인 활동과 닫힌 공간에 적응하지 못했다. 앞으로 약 8개월 뒤로 다가온 1차 시험, 마음의 고삐를 단단히 죄어야만 했다.

내가 가진 것은 돈 300만 원이 전부였다. 이 돈이 없어지기 전에 합격하지 못하면 나는 어떻게 될 것인가? 마음의 배수진을 단단히 치고 내용이 머릿속에 들어오든 말든 하루 14시간씩 책상에 앉는 버릇을 들였다. 몸이 적응하면서 공부가 되기 시작했다. 나태해지려 하면 군생활 때의 어려움을 상기하면서 스스로를 몰아붙였다. 300만 원이 없어지면 모든 것이 끝이었기에 극도로 내핍한 생활을 했다. 독서실에서 먹고 자는 문제를 해결했는데, 갈탄 난로를 피워 줬지만 바닥에서 자기에는 너무 추워서 군에서 입었던 원피스 전차복을 입고 방한모를 쓰고 침낭 속에 들어가 잠을 잤다. 먹는 것도 최소한으로 밥만 먹었다. 고기같이 비싼 음식은 돈을 아껴야 했기 때문에 먹지 못했다.

망신창이가 되어 버린 몸

▸ 1988년 5월, 제30회 사법시험 1차 시험을 치른 뒤 담양 집에서 쉬었다. 그런데 갑자기 다리가 붓고, 눈이 아프기 시작했다. 좀 쉬면 낫겠지 생각하고 1차 시험 결과를 기다렸다. 얼마 후 1차 시험 발표가 있었는데 다행히 합격했다. 기쁨을 누리기도 잠시뿐 곧바로 2차 시험을 준비해야 했다. 그러나 다리는 회복되지 않았고 눈도 아파서 책을 볼 수 없을 정도로 몸 상태가 점점 나빠졌다.

아픈 상태에서 공부하다 나도 모르게 잠이 들면 꿈속에서 내가 내 눈알을 꺼내서 맑은 물속에 담가 씻고 있었다. 놀라 꿈에서 깨기 여러 번. 다리는 부어서 신발을 신기 어려웠고 앉아 있을 수조차 없었다. 약 3개월 후 치러지는 2차 시험. 준비가 안 되었지만 공부도 할 수 없는 상황이 되었다.

일단 건강을 회복하는 것이 급선무였다. 고시 공부를 위해 모았던 돈은 1차를 준비하면서 100만 원을 쓰고 이제 200만 원이 남았다. 다리가 붓고 눈알이 아픈 병을 치료하기 위해 병원과 약국을 전전하면서 남은 돈 200만 원 전부 소진할 수밖에 없었지만 몸은 회복되지 않았다. 치료받으러 다니면서 2차 준비 기간은 다 흘러갔다.

2차 시험 당일. 시험장 구경이라도 하자는 심정으로 갔다. 당연히 불합격이었다. 1988년 가을, 400만 원을 들고 제대한 지 일 년 만에 가진 돈 한 푼 없고 건강 잃은 초라한 나만 남았다. 그나마 제30회 사법시험 1차 합격으로, 다음 해인 1989년 제31회 사법시험 2차 응시 자격을 얻은 것이 소득이라면 소득이었다. 이 상태로는 공부할 수 없었고, 다음 해 2차 시험에서도 떨어질 것이 분명해 보였다. 대안은 없었으니 '공부하다 죽는 게 비굴하게 사는 것보다는 낫다'는 생각까지 들었다.

다시 찾은 보길도

　1988년 한글날이었다. 군에서 사용했던 더플백에 주섬주섬 짐을 넣어 짊어지고 고향을 떠나 다시 보길도로 향했다. 지금은 교통이 좋아졌지만, 당시에는 참으로 멀었다. 완도항만터미널에서 보길도행 페리를 탔다. 나는 차분히 객석에 앉아 있지 못하고 밖으로 나왔다. 하늘도 바다도 고요하고 푸르렀다. 갈매기는 평화롭게 뱃전을 맴돌았다. 나를 제외한 삼라만상이 행복하고 평화로운 듯 보였다.
　찬란한 대자연을 눈앞에 두었으나, 내 마음은 칠흑같이 어두웠고 무거웠다. 미래가 보이지 않았다. 빈농의 아들로 태어나 이 자리까지 오면서 가난을 운명처럼 받아들였다. 청춘을 담보로 모은 돈으로 사법시험에 1차 합격했는데, 여기에서 내 인생이 끝나야 하는가? 살면서 무엇을 잘못했는가? 열심히 살았는데 왜, 이렇게 꼬이는가? 세상이 원망스러웠다. 나도 모르게 눈물이 고였다.

이런 생각에 빠져 있는 사이 배는 1시간 30분을 달려 보길도에 도착했다. 형님이 부두에서 기다리고 계셨다. 보길도에 머물 동안 기거할 집으로 갔는데, 부황리 외진 곳에 있는 집이었다. 입구에 들어서자마자 풀냄새가 풍겼다. 아궁이에 건조시킨 풀을 땔 때 나는 냄새였다. 그 냄새가 나의 폐부를 적시는 순간, 마음이 편안해지면서 여기에서라면 몸도 회복하고 시험도 합격할 수 있겠다는 생각이 들었다.

여러 날 아무것도 하지 않고 쉬었다. 덕분에 눈은 많이 좋아졌지만 다리 붓기는 여전히 빠지지 않았고 아팠다. 2차 시험 준비 기간이 8개월 밖에 남지 않았기에 죽든 살든 시험을 준비하기로 결심했다. 책상 서랍을 빼내고 그 자리에 아픈 다리를 밀어 넣었다.

사법시험 2차 과목은 총 8과목이다. 대학교 재학 중 수업 시간에 들어 본 것이 전부였다. 준비가 전혀 안 된 상태였으며, 모르는 부분도 혼자 해결해야 했다. 사력을 다해 공부했다. 공부하다 지치면 집 뒤 오솔길을 걸으면서 공부한 내용을 머릿속에서 구조화했는데 그것이 큰 도움이 되었다.

어떤 날은 '합격할 수 있다'는 자신감이 생겼다가, 또 다른 날은 '과연 할 수 있을까?' 하는 불안함이 엄습했다. 자신감이 떨어지고 불안할 때마다 성경을 읽고 기도했다. 매일 읽으며 위로를 받았던 구절은 구약성경 예레미야 제17장 7절부터 8절까지의 말씀이었다.

'그러나 무릇 여호와를 의지하며 여호와를 의뢰하는 그 사람은 복을 받을 것이라. 그는 물가에 심기운 나무가 그 뿌리를 강변에 뻗치고 더위가 올지라도 두려워 아니하며 그 잎이 청청하며 가무는 해에도 걱정이 없고 결실이 그치지 아니함 같으리라.'

처음 3주 동안 하루 14시간 정도 공부했다. 4주째가 되면서 체력이 고갈되며 감기몸살에 걸려 노화도에 있는 병원 신세를 졌다. 몸은 만신창이가 되어 갔다. 늦은 봄인데도 추워서 두툼한 군용점퍼를 입고 병원에서 링거주사를 맞고 나오면 내 자신이 그저 한심스럽게 느껴졌다.

대화 상대가 없다 보니 하루 종일 말할 기회가 없었다. 공부 때문에 고립을 자처한 것이지만, 혼자만의 시간이 지속되니 외로움이 뼛속까지 스며들었다. 뱃고동 소리가 그토록 고독한 줄 그때 알았다. 뱃고동 소리가 나면 뒷산에 올라가 배가 오가는 것을 하염없이 바라보았다. 나도 모르게 "어쩌다 한 번 오는 배는 무슨 사연 싣고 오길래 가는 사람 오는 사람 마음마다 설레게 하네"라는 구성진 노래가 흘러나왔다. 합격해서 저 배를 타고 반드시 육지로 나가겠다고 다짐하곤 했다.

그러나 보길도에서의 생활이 항상 외롭고 서글펐던 것만은 아니었다. 내게 방 한 칸을 내어주었던 집주인 할아버지는 친구분들이 와서 떠들어 대면 '공부에 방해된다'며 데리고 집 밖으로 나가시곤 했다. 할머니는 지극정성으로 내 방을 청소하고 간식도 챙겨 주셨다.

노화도에 장이 서는 날이면 할아버지와 할머니는 텃밭에서 키운 오이, 가지 등을 따서 낡을 대로 낡아 철삿줄로 얼기설기 꿰맨 고무대야에 담아 할아버지는 지게에 지고 할머니는 머리에 이고 장에 가셨다. 해가 넘어갈 즈음에야 돌아오셨는데 항상 간식을 잊지 않고 사다 주셨다. 유통기간이 경과한 우유 1팩이었지만, 두 분의 애정이 담겨 있어 감사하는 마음으로 마셨다.

섬 생활에 익숙해지다 보니 할아버지, 할머니가 노화장에 가시는 날이면 저녁 무렵 장독대 배나무 위에 걸터앉아 어디쯤 오시는지 기다리곤 했다. 할머니는 동네 초상, 결혼 등 잔치에 가시면 항상 떡을 얻어다 주셨다. 나는 완전히 어린아이가 되어 두 분의 정성스런 보살핌과 사랑을 받았고 누렸다. 지천으로 피는 유채꽃과 동백꽃, 외송리 해수욕장 등 보길도 풍경도 공부에 지친 몸과 마음을 위로해 주었다.

제31회 사법시험 합격

　1989년 7월 서울 국민대학교에서 제31회 사법시험 2차 시험을 치렀다. 4일 동안 오전 한 과목, 오후 한 과목, 두 시간씩 총 8과목 시험을 치렀다. 첫날 오전은 국민윤리였다. 시험 범위가 광범위해 준비가 쉽지 않았다. 그저 모든 것을 운명에 맡기고 시험에 임했다. 3문제가 출제되었는데 50점 1문제, 25점 2문제였다. 50점짜리 문제는 "과학적 사회주의의 강점과 약점을 논하라(科學的 社會主義의 强點과 弱點을 論하라)"는 것이었다.
　순간 내 눈을 의심했다. 중대장 시절 매주 수요일 오전 중대원 정신교육 시간에 강의했던 내용과 관련 있는 문제였다. 당시 교육은 보통 중대장보다 중대 교육계 사병들이 대신했으나, 나는 직접 준비하고 교육했다. 과거 나의 성실함이 보상받는 순간이었다. 심장이 뛰었으나 마음을 가라앉히고 중대장 시절 강의 내용을 기억하며 답안을 작성했다. 25점짜리 2문제는 나의 사회과학 지식을 모두 동원하여 작성하였다. 최종적으로 2차 시험에 합격했는데, 국민윤리는 고득점을 받았다. 매순간 자신이 맡은 일에 최선을 다해야 함을 다시 한번 느꼈다. 만약 중대장 시절 직접 강의하지 않았다면 이 문제를 보고 후회한 나머지 다른 과목 시험도 잘 보지 못했을 것이다.

   그해 가을 3차 면접을 거쳐 제31회 사법시험에 최종합격했다. 고향 월산초등학교와 월산면 출신 최초로 사법시험에 합격한 것이다. 담양읍과 월산면 곳곳에 합격을 축하하는 현수막이 걸렸다. 부모님은 돼지 다리 1개를 사서 마을 사람들에게 식사를 대접했다. 매우 기뻐하시던 부모님 모습이 지금도 눈에 선하다.

사법연수원 입소와 휴직

　사법연수원 입소를 앞두고 내 인생 처음으로 여유를 즐겼다. 아침이면 뒷산에 올라 고향 산천을 내려다보며 어려웠던 지난날을 떠올리기도 하고, 밤이면 후배들과 이야기꽃을 피우면서 지냈다. 그런데 고시 준비를 할 때부터 말썽이었던 다리가 계속 붓고 아팠다. 시간이 지나면 낫겠지 했지만 마음 한구석에서는 두려움이 싹트고 있었다. 두려움과 여유로움 속에 몇 개월을 보내고 1990년 봄 사법연수원에 제21기로 입소하였다.
　연수원 공부량은 만만치 않았다. 하루 6~7시간 정도 수업을 받아야 했는데 설상가상 다리 상태가 견디기 힘들 정도로 악화되었다. 그러다 보니 비중이 낮은 과목에 결석하는 일이 생겼고 이를 불성실하게 본 담임교수들에게 점수를 깎였다.
　결국 전남대학교에서 정밀진단을 받았다. 병명은 '심부정맥혈전증'

이었다. 혈액은 심장에서 동맥을 타고 전신을 돌다가 정맥을 통하여 심장으로 돌아온다. 정맥에는 혈액을 심장으로 보낼 때 압력을 낮춰서 혈액 역류를 방지하는 밸브가 있다. 이 밸브는 혈액이 심장 쪽으로 갈 때는 열려 있다가, 그 반대의 경우에는 닫혀져서 혈액이 심장 쪽으로만 흐르도록 한다. 그런데 내 좌측 하지 대정맥 밸브가 고장 나서 혈액이 심장으로 다 들어가지 못하고 일부가 발등에서부터 쌓이고 혈관 밖으로 나와 근육 속으로 스며들어 다리가 붓게 된 것이다. 심장으로 들어가지 못한 혈액이 응고되어 혈전이 생기면 생명에도 치명적인 질환이었다.

눈앞이 캄캄했다. 의사는 "치료를 제대로 받지 않으면 호전될 수 없으니 쉬어야 한다"면서 사법연수원 휴직을 권유했다. 1990년 여름 휴직계를 제출하고 혈관계통으로 유명하다는 강남성모병원 혈관외과에 가서 다시 진단받았다. 전남대병원 진단 결과와 동일했다. 의사는 "동맥에 이상이 있으면 절단해야 하는데, 정맥이라서 그나마 다행이다. 수술 가능 여부를 확인하기 위해 입원이 필요하다"며 입원 날짜를 잡아 줬다. 집에 내려가 며칠 지내는 동안 모친은 걱정을 많이 하셨다. 그러던 어느 날 모친이 담양읍내 장에 가서 내 사주를 보고 오셨다.

아들이 군대에서 고생해 번 돈으로 고시 공부를 하고 합격했으나 몸이 아파 사법연수원을 휴직하고 집에서 쉬고 있으니 답답한 마음에 사주를 보신 것이었다. 집에 돌아와 사주 본 이야기를 전하시면서 "올해 복을 입는다고 하더라"고 하셨다. 여기서 '복'은 상복을 의미한다. 즉 부모님이나 주변 누군가가 세상을 떠나 내가 상복을 입을 운이라는 의미다. 나는 어머니께 "엉터리 사주를 왜 보셨냐? 말도 되지 않는다"면서 사주를 마음에 두지 않았다.

  입원 날짜는 1990년 8월 14일로 예정되어 있었다. 나는 그 전날 절친한 친구와 함께 서울에 가서 그 친구의 누나 집에서 자고 그다음 날 입원하기로 했다. 병간호도 그 친구가 하기로 했다.

  13일 오전 모친께 "다녀오겠습니다" 하고 인사를 드렸더니, 갑자기 "하루만 더 있다 가면 안 되겠냐?"고 하셨다. 단지 헤어지기 아쉬워서 하시는 말씀으로 생각한 나는 "수술받은 뒤에는 집에 내려와 어머니 옆에 있을 것"이라고 대답했다. 이에 모친은 "그러면 잘 다녀와라"라고 하시면서 남루한 복장에 새참을 머리에 이고 논일을 나가셨다.

  이 모습이 내가 본 내 어머님의 마지막 생전 모습이었다. 어머니는 그날 밤 갑자기 돌아가셨다. 하루만 집에 더 머물렀다면 임종을 지킬 수 있었는데 천추의 한이다. 이 순간에도 어머니 마지막 생전 모습이 눈앞에 선명하게 떠오른다. 어머니는 당신의 운명을 아셨을까?

홀로 먼 길을 떠나신 어머니

광주에서 고속버스를 타고 서울 강남고속터미널에 도착했다. 차에서 내리자마자 공중전화 부스가 눈에 확 들어왔다. 순간적으로 "빨리 어머니에게 전화하라"는 음성이 또렷하게 내 귀에 들렸다. 나도 모르게 공중전화 부스에 다가갔다. 그런데 앞서 전화를 하고 있는 사람이 길게 통화하고 있어 포기하고 면목동 친구 누나 집으로 갔다.

누나 집 아파트 입구에 도착하자 또 공중전화 부스가 눈에 띄었다. 다시 "빨리 어머니에게 전화해라. 오늘 전화하지 못하면 영원히 못 할지 모른다"는 소리가 들렸다. 이번에는 곧바로 전화했다. 어머니는 논일을 하고 난 뒤 쉬고 계셨다. 그날 밤 어머니와 통화한 것이 마지막 대화였다. 한치 앞을 못 보는 것이 인생이다. 어머니는 나와 통화를 마치고 주무시다 몇 시간 뒤에 뇌출혈로 돌아가셨다.

나는 통화를 마치고 친구와 함께 누나 집으로 갔다. 그런데 그날은 마침 시댁 제삿날이어서 친인척들이 많아 객인 내가 그 집에서 잠을 잘 수 없는 형편이었다. 할 수 없이 혼자 나와 휴직했음에도 사법연수원 기숙사에 가서 잠을 청했다.

8월 14일 새벽 3시 무렵 갑자기 기숙사 전화벨이 울렸다. 깜짝 놀라 전화를 받았는데 수화기를 통해 막내 누나의 울음소리가 귓전을 때렸다. 누나는 울면서 "어머니가 쓰러져 광주기독병원으로 옮겼다"고 했다. 직감적으로 어머니가 돌아가실 수도 있다는 생각이 들었다. 곧바로 연수원 기숙사를 나와 택시를 잡아타고 광주를 향해 달렸다. 너무 슬펐다.

어쩌면 이미 돌아가셨을 것 같다는 생각이 자꾸 들었다. 하나님께 어머니를 살려 달라고 간절히 기도했다. 택시는 총알처럼 달렸다. 택시기사는 졸음을 방지하기 위해 노래를 틀었다. 한결같이 어머니를 그리는 노래여서 나를 더욱 슬프게 했다. 하염없이 울었다. 생전의 초라한 어머니 모습이 떠올랐다.

그때 들었던 노래 중 현인이 부른 〈비 내리는 고모령〉은 내 가슴 속에 아프게 스며들었다. "어머님의 손을 놓고 돌아설 때엔 부엉새도 울었다오. 나도 울었오. 가랑잎이 휘날리는 산마루턱을 넘어 오던 그날 밤이 그립구나"라는 구슬픈 가사가 나와 내 어머니를 연상하게 했다.

보길도에서 공부하다 한 번씩 집에 왔다 갈 때면 어머니가 내 짐을 머리에 이고 차 타는 곳까지 배웅을 해 주셨는데 그때 어머니 모습이 눈에 선했다. 밤길을 달려 광주기독병원에 도착했으나 아무도 없었다. 사망해서 집으로 돌아갔다고 했다. 담양 집으로 갔다. 마을 입구에 들어서니 우리 집 지붕에 초상난 사실을 알리는 하얀 옷이 걸려 있었다. 집에 들어서자 가족들과 친지들이 울고 있었다. 안방에 어머니가 한복을 곱게 입고 누워 계셨다. 참으로 기가 막혔다. 꿈이기를 간절히 바랐지만 냉혹한 현실이 서글프기만 했다.

사법연수원 재입소, 결혼과 부친상

장례를 치르고 삼우제를 지낸 후 강남성모병원에 입원했다. 누워서 생각해 보니 요 며칠 사이에 일어난 일들이 믿기지 않았다. 한 편의 긴 꿈을 꾼 것만 같았고, 현실이 너무 슬퍼 눈물만 날 뿐이었다. '올해 복을 입는다'는 사주풀이나, 갑자기 들린 "빨리 어머니에게 전화해라. 오늘 전화하지 못하면 영원히 못 할지 모른다"는 음성은 이해할 수 없는 일이다. 그런데 그 풀이와 음성이 전부 현실이 되어 버렸다. 이 점을 어떻게 해석해야 할 것인지 많이 고민했다. 나는 신앙인이었으므로 기독교적 관점에서 성령이 임했다고 생각하기로 했다. 하나님의 은혜로 어머니와 마지막 통화라도 할 수 있었음에 감사했다.

입원해서 정밀 진단한 결과, 수술은 의술적으로 불가능하여 약을 복용하고 압박스타킹을 착용하는 것으로 처방이 내려졌다. 항혈소판제인 와파린이나 콤마디는 잘못 복용하면 위장 출혈을 일으켜 치명상을 입을 수 있는 독한 약이었다. 한 달에 한 번씩 강남성모병원에 가서 혈액응고수치를 측정하고 그에 따라 약을 처방받았는데, 병원에 가면 몇 시간씩 기다려야 했다.

혈관외과 로비에는 혈관계 질환자들이 차례를 기다리며 앉아 있었는데, 팔이나 다리를 절단한 사람들도 있었다. 보는 것만으로도 엄청난 충격이어서 병원에 다녀온 날은 정신적, 육체적으로 피곤하여 몸이 완전히 파김치가 되었다. 휴직, 어머니의 갑작스러운 사망, 투병으로 인한 스트레스를 견디기 힘들어서 고심 끝에 다시 보길도로 들어가 무념, 무상의 세월을 보냈다.

어느 정도 몸과 마음을 회복한 나는 1991년 3월 사법연수원 제22기로 재입소했다. 2년 동안 열심히 공부한 결과, 55등으로 사법연수원을 수료했다. 주변에서 법관 지망을 추천했지만 검사를 지원했다. 그 2년 사이 나는 평생의 반려자를 만나 가정을 꾸리게 되었다. 1991년 가을, 지금의 아내를 맞선으로 만났다. 맞선 당일 한 번 만나고 더 이상 만나지 않다가 연수원 2년 차인 1992년 봄에 다시 만났다.

다시 만난 것도 인연이라 생각하고 1993년 5월 결혼하여 아들 2명을 낳고 잘 살고 있다. 집사람은 결혼 전부터 치과의원을 개원하여 지금까지 운영하고 있다. 결혼생활 내내 다른 지역을 떠돌았던 나를 대신해 홀로 아이들을 키우면서 집안일과 직장생활을 병행해 온 아내에게 항상 미안하고 고마운 마음이다.

부친은 모친이 소천하신 후에도 고향 집에서 농사를 지으시면서 사셨다. 형님 내외가 아버지를 모셨는데, 나는 주말이면 담양 집에 가서 아버지를 뵙는 일을 가장 중요하게 여겼다. 돌아가시기 2~3년 전부터는 체력이 떨어져 농사일을 못 하시다가 돌아가시기 1년 전부터는 거동이 불편하셔서 주로 누워서 지내셨다.

　나는 2010년 봄 떨어지는 벚꽃을 보면서 불현듯 내년 봄에는 아버지를 모시고 백양사로 벚꽃 구경을 가야겠다고 생각했다. 그러나 아버지는 새 봄이 돌아오기 전 2010년 11월 23일 고향집에서 주무시다가 88세의 일기로 돌아가셨다. 모친에 이어 부친의 임종도 못 보았다. 부모님의 임종을 함께하는 것이 자식 입장에서 큰 복인지를 미처 몰랐다. 장례를 치르고 아버지가 기거하시던 방에 들어갔다. 적막한 방을 둘러보며 '혼자 이 방에서 세상을 떠나면서 얼마나 자식들을 그리워하셨을까?'라고 생각하니 너무나 가슴이 아팠다. 가족들이 지켜보는 가운데 생을 마감하는 것도 복 중의 복이라고 생각되었다. '자식은 효도하고자 하나 부모는 기다리지 않는다'는 말을 통감했다.

II ── 곡절 많은 검사 생활

시작부터 외톨이였던 검사

1993년 3월 23일 서울지검 검사로 발령받았다. 임관 발표 전날 김영삼 대통령과 함께 산에 오르는 꿈을 꿨다. 왠지 기분이 좋았다. 당시 서울지검(현 중앙지검) 검사 중에 지방대 출신은 몇 명 없었다. 내가 소속된 형사2부는 부원이 8명 정도였는데 나는 말석이었다.

혼자 지방대 출신인 데다 선배들보다 나이가 많다 보니 자연히 외톨이가 되었다. 매일 밤 12시까지 일하고, 토요일 오후에 광주 집에 내려갔다. 다음 날이 되면 가족을 데리고 아버지가 계시는 담양에 가서 예배드리고 점심 먹고 광주에 와서 조금 쉬었다가 서울로 돌아왔다. 서울로 올라오면 곧장 사무실로 가서 다시 일하는 생활을 반복했다. 광주 집에서 가족과 함께한 시간은 24시간이 채 되지 않았지만 당연하게 생각했다.

당시 함께 근무했던 직원 중 정○○라는 여직원이 있었다. 어려운 집안 형편 때문에 상고에 진학해 10급 검찰 공무원 시험을 보고 들어왔던 직원이다. 공소장을 쳐 주던 기능직이었는데, 이후 이 직원은 조직을 떠나 녹록지 않은 현실 속에서 고군분투하며 무려 15년 만에 사법시험에 합격했다. 이 일화가 언론에 보도되며 많은 사람들에게 감동을 주었는데, 인터뷰에서 나를 언급해 화제가 되었다.

같이 일했던 내가 공고 출신임에도 사법고시에 합격하고 검사가 되어 소년범에게 온정을 베푼 점에 자극받았다고 했다. 정의로운 사회를 위해 일하는 사법업무에 매력을 느껴 법조인을 꿈꿨다는데 1차 시험과 2차 시험에 통과하기까지 7년이 걸렸다고 했다. 그 시간 동안 얼마나 심적으로 경제적으로 힘들었을지 그 어려움을 짐작할 수 있었다. 지금도 가끔 전화로 안부를 주고받고 있다.

초임검사 시절, 내가 업무능력이 떨어지면 상사와 선배들이 '그럼 그렇지. 공고에 지방대 나온 놈이 운 좋아 사법시험에 합격해 검사 된 거지 별거 있겠냐'라고 생각할 것 같아 몸이 부서져라 일했다. 그 결과 업무실적이 다른 검사에 비해 뒤떨어지진 않았다. 이 시절을 돌이켜 보면, 죄를 지었지만 사정이 안타까워 처벌하면서도 마음 아팠던 경우도, 미숙해서 피의자와 서로 신경전 벌이다 분노를 참지 못하고 표출했던 경우도 있었다. 젊었고 요령이 없던 시절이라 후회되기도 하고 뒤늦게 미안한 생각이 들기도 한다.

세상을 떠들썩하게 했던 '지존파' 사건

초임 시절 처리한 사건 중 가장 기억에 남는 사건은 '지존파' 사건이다. 공판부를 거쳐 형사3부에서 강력을 전담하던 1994년 일이었다. '지존파' 사건은 당시 세상을 떠들썩하게 했던 조직폭력배 사건으로 지금도 기억하는 국민들이 많을 것이다. 20대 조직원 7명이 1993년과 1994년 5명을 납치, 살해한 뒤 사체를 암매장하거나 소각한 사건이다. 김○○, 조○○ 선배 그리고 오○○ 후배와 함께 수사했다.

지존파 두목인 김○○은 당시 26살이었는데, 조사를 받을 때 나에게 "검사님. 저는 꿈같고 솜털 같은 길을 먼저 갑니다"라는 말을 했다. 세상에 대한 미련과 사형에 대한 두려움이 전혀 없었다. 사건이 송치되던 날은 1994년 9월 27일이었다. 그들은 수갑에 혁수정을 찬 상태로 송치되었고 무장경찰이 조사실에서 이들을 감시했다.

피해자 사체를 소각하다 검거되어 이들의 몸에는 그을음 냄새가 심하게 배어 있었다. 조사는 오전부터 시작되었는데 저녁이 되자 함께 검사실에서 밥을 먹었다. 자정을 넘기자 무장경찰은 졸기 시작했고 살인범도 졸기 시작했다. '인간의 생리현상은 어쩔 수 없구나' 싶었다. 시간이 지날수록 정신이 맑아지는 사람은 조사하는 검사와 수사관뿐이었다. 범행을 모두 자백하고 있지만 범행의 잔혹함을 조서에 남겨서 사형선고를 받게 하겠다는 것이 수사팀의 목표였기 때문이다. 수사 기간 사무실에서 쪽잠을 잤다. 제일 고참인 김○○ 선배가 난로 가장 가까이, 그다음 조○○ 선배, 그리고 나 이렇게 단잠을 자던 기억이 새롭다.

지존파 조직원들은 잔혹한 죄를 저지른 범죄자였지만, 이들이 범죄의 길로 빠지게 된 계기는 인간적으로 안타까웠다. 피의자 백○○은 초등학교 시절 집이 가난해 목욕을 제대로 하지 못했다고 했다. 이 때문에 학교에서 청결검사 시 선생으로부터 지적받아 웃통을 벗긴 채 다른 학생들 앞에 서는 수치를 당했다. 창피함 때문에 더 이상 그 학교를 다닐 수 없어서 전학을 갔는데, 자신에게 웃통을 벗게 한 선생이 그 학교로 전근 왔다. 이것이 계기가 되어 학교를 그만두고 범죄의 길로 들어섰다가 지존파에 가입했다고 한다.

두목 김○○은 초등학교 미술시간에 크레용을 가지고 갈 형편이 안 될 만큼 가난했다. 준비물을 가지고 오지 않은 이유를 묻는 선생님에게 "돈이 없어 크레용을 살 수 없었다"고 대답하자 "돈이 없으면 훔쳐서라도 가져와라"라는 말에 범죄자가 되었다고 한다. 이들은 '자신의 범죄를 사회 탓으로 돌리며 범행을 정당화하려 한다'는 비난을 받았지만, 학창 시절 이들에게 모멸감과 수치심을 주는 교사가 아니라 따뜻한 위로와 격려를 보낸 교사를 만났다면 이들의 삶도 달라지지 않았을까 생각했다. 무너진 교권에 대한 뉴스가 연일 매체에 오르내리는 지금은 상상도 할 수 없는 일이다.

이 사건은 납치되었던 A양이 도주해 경찰에 신고함으로써 세상에 알려졌다. 조직원 김○○이 A양을 사랑하게 되면서 도주하도록 방관했던 것이다. 1994년 10월 19일, 피고인들의 최후 진술이 있었다. 사랑에 눈이 멀어 조직을 배신한 김○○은 몇 월 며칠까지 사형집행을 당하지 않으면, 사랑하는 여인을 위해 자신의 안구를 기증하겠다고 말했다. 수사기록을 확인해 보니 날짜가 A양 생년월일과 일치했다. 무자비하고 잔인한 이들에게도 순정은 있나 보다고 생각했다.

결국 7명 가운데 범죄단체 가입 및 사체손괴죄를 적용해 징역 5년이 구형된 이○○을 제외하고 나머지 6명에 대해서는 이듬해인 1995년 11월 3일 사형이 집행되었다. 불특정 다수를 잔혹하고 끔찍한 방법으로 살해하고, 범행을 은폐하기 위해 소각로까지 설치해 사체를 태운 점, 뉘우침이 없는 점 등이 구형에 반영되었고 형이 집행되었던 것이다. 검찰은 이 사건을 계기로 강력사건 피해자 또는 증인을 보호할 수 있는 법석, 제도적 방안을 마련했다. 살인과 마약, 강간 등 강력사건 피해자와 증인들이 범인들의 보복을 두려워해 신고를 기피하는 데 따른 보완대책이었다.

· 초임검사 시절 서울지검 직원들과 함께 찍은 사진이다. 이 시기 지존파 사건을 맡았다.

타살을 밝힌 검시

사람이 사망했을 때 사인이 분명치 않은 경우 검사의 지휘를 받아 사체를 처리하도록 형사소송법에 규정되어 있다. 이런 사체를 '변사체'라고 한다. 하루에도 몇 건씩 '변사체'가 발견되고 검사는 후속 절차를 지휘한다. 검사가 '변사체' 지휘를 하는 목적은 억울한 죽음이 없도록 하기 위함이다.

대개 경찰에 서면으로 지휘하는데, 살인사건이나 대형재난사고 등의 경우 검사가 직접 현장에 나가 사체를 검시하기도 한다. 이를 '직접검시'라고 한다. 순천지청에서 근무할 때는 전국 청별로 '직접검시' 통계를 내 비교했기 때문에 일정 비율의 직접검시율을 유지해야 했다.

어느 날, 변사체 기록이 배당되었다. 기록을 보니 경찰은 '평소 폐결핵을 앓던 사망자가 선원으로 일하다가 휴일 동료 선원과 함께 술을 마시던 중 갑자기 각혈해 동료 선원이 인근 보건소로 옮겼으나 사망했다. 유족들이 사망에 대한 이의가 없으니, 사체를 유족에게 인계하고 사건을 종결하겠다'는 의견이었다. 사망자가 폐결핵 환자라는 점을 증명하는 진단서가 첨부되어 있고, 공중 보건의가 작성한 검안서에도 사인이 폐결핵으로 기재되어 있어 경찰이 낸 의견은 합리적이었다. 경찰 의견대로 승인해 주면 되는 사건이었다.

그런데 지청장님이 직접검시를 가라고 지시하셨다. 일정 비율의 직접검시율 때문이었다. 나는 여수시에 있는 모 병원 영안실로 갔다. 수사과장 등 경찰관계자들이 기다리고 있었다. 사체는 반듯이 뉘어져 있었다. 사체의 전반적 상태를 확인하던 중 머리카락에 피가 묻어 있는 것이 눈에 띄었다. 담당형사에게 피가 머리카락에 묻은 이유를 물었더니, 형사는 폐결핵으로 인해 각혈할 때 나온 피라고 했다. '각혈을 했다면 피가 구강이나 얼굴 등에 묻어야 하는데 머리카락에 묻었다?' 순간 이상한 생각이 들었다.

형사에게 머리 부분을 면밀히 만져 보도록 하였다. 형사가 변사자의 머리 부분을 자세히 만지던 중 형사의 손가락이 변사자의 두정부 속으로 쑥 들어갔다. 두정부가 터져서 거기에서 피가 났던 것이다. 사망 원인은 타살이었다. 누군가에 의해 머리가 터졌고 피를 흘려 사망한 것이다. 수사과장을 비롯해 경찰관계자들도 놀랐다. 억울하게 맞아 죽은 사람이 아파서 죽은 것으로 처리될 뻔했다. 이제 남은 과제는 범인을 밝히는 것이었다. 여러 정황상 함께 술을 마시고 변사자를 보건소로 데리고 갔다는 동료 선원이 의심스러웠다. 수사과장에게 동료 선원이 의심되니 잘 조사해 보라고 지시하고 사무실로 돌아왔다. 다음 날 수사과장으로부터 "동료 선원이 범인이고 범행일체를 자백했다"는 연락이 왔다.

수사결과 밝혀진 내용은 사망자와 동료 선원이 휴일 함께 식당 평상에 앉아 술을 마시다가 언쟁을 벌였다. 동료 선원이 사망자를 밀치자 넘어졌는데, 평상의 쇠로 된 모서리에 머리를 부딪쳐 두정부가 터지고 피가 나서 보건소에 데리고 갔지만 죽은 것으로 확인되었다. 동료 선원을 폭행치사죄로 입건 구속했다. '꺼진 불도 다시 보자'는 표어처럼 사소한 부분을 놓치지 않아 밝힐 수 있었던 보람 있는 사건이었다.

의처증이 낳은 비극

　기억에 남는 사건 중 하나는 살인 및 사체유기와 관련된 구속 사건이다. 기록을 검토해 보니, 남편이 부인을 목 졸라 살해하고 자신이 운영하던 과수원에 버렸다. 남편은 최초 경찰에 "부인이 자신을 망치로 구타한 후 가출했으니 찾아 달라"고 신고했다. 신고를 받은 경찰은 집 주변을 수색하다 부인의 사체를 찾았다. 1차 부검을 하였으나 사인을 밝히지 못했다. 2차 부검으로 사인이 설골 골절임이 밝혀졌다. 타살이었다.

　경찰은 열심히 수사해 남편을 범인으로 입건하고 구속했다. 여기까지 다른 검사들이 지휘하고 구속영장을 청구했다. 나는 전혀 관여한 바 없었는데 느닷없이 나에게 사건이 배당되었다. 목격자도 없고, 남편은 부인으로 일관했다. 20일 동안 수사한 결과, 당시 지구상에 살고 있는 모든 사람을 용의자로 봐도 부인을 살해할 사람은 남편밖에 없다는 결론에 도달해 기소했다.

이 결론에 도달하기까지 수사과정에서 피고인의 여러 가지 의심스러운 행적이 확인됐다. 피고인은 여러 명의 여자와 결혼 내지 사실혼 관계를 유지했다. 대부분은 피고인의 의처증으로 인한 구타와 성적 학대를 이기지 못하여 가출했고, 1명은 행방불명이었으며 마지막 처는 피고인에 의해 살해된 것으로 파악됐다. 살해된 여자는 중국 조선족인데 중국에 어린 아들을 놔두고 경제적인 어려움 때문에 우리나라에 들어와 결혼했다가 변을 당한 것이다.

피고인은 마을에서 떨어진 곳에 혼자 과수원을 운영하면서 살고 있었다. 피고인과 살다가 행방불명이 된 여자의 부모는 검사실로 찾아와 피고인이 딸을 살해하여 암매장했을 가능성이 있으니 처벌해 달라고 탄원서를 제출했다.

그러나 당장 급한 것은 여죄수사가 아니라 기소한 범죄사실에 대한 재판에서 진실을 밝혀 유죄 판결을 받게 하는 것이었다. 재판이 시작된 어느 날, 중년 여성이 검사실을 방문했다. 자신을 피고인과 결혼하여 아들, 딸을 낳아 기르다가 헤어진 전 부인이라고 소개하며 할 이야기가 있어 왔다고 했다. 현재 재혼하여 살고 있는 남편도 동행하였다. 여성의 진술에 의하면, 피고인은 자신의 딸을 '불륜으로 낳았다'고 의심하며 매일 구타하고 협박했다. 심지어 칼로 찌르고 병원 치료를 막은 것도 모자라 동네에 거짓 소문을 내고 다녀 가출하게 되었다는 것이다.

살해된 피고인의 처는 과수원 일을 도와주는 마을 노총각에게 중국 조선족과 결혼을 주선했다. 그 과정에서 그 노총각과 자주 대화를 나눴는데 피고인이 살해된 처와 노총각을 불륜관계로 의심하여 범행을 저지르게 된 것이었다. 공소장에 이 사실을 범행동기로 기재했기에 전처의 진술은 중요한 정황증거였다.

전처를 재판 때 법정에 출석시켜 그녀가 당한 일을 증언토록 했다. 천인공노할 증언에 재판장은 찬물을 끼얹은 듯 조용했다. 피고인 측의 반대신문은 없었다. 나는 사형을 구형했으나 1심 선고는 무기징역, 2심 선고는 징역 12년, 대법원에서 징역 10년으로 확정되었다. 피고인은 10년 형을 살고 난 뒤 나를 찾아와 억울함을 호소했다.

마약사건 수사

순천지청에서 처음으로 마약수사를 하게 되었다. 막상 수사를 담당하게 되었지만 한 번도 마약류 사범을 수사해 본 적이 없어 어디에서 정보를 입수하고 어떻게 조사해야 하는지 무척 염려되었다. 1996년 1월 12일 오전 검사실로 '필로폰을 투약하고 환각상태에서 난동을 피우는 자가 있다'는 신고가 접수되었다. 검거해 데려와 보니 동공이 완전히 풀려 있고 눈은 극도로 충혈되어 있었으며 자해로 인한 상처가 여러 군데 있었다.

신원을 확인해 보니 관내에서 사업체를 운영하는 30대 남성이었다. 몇 가지 기초적인 사항을 질문했으나 동문서답을 이어 가 조사할 수 없는 상태였다. 일단 압수된 필로폰을 증거로 구속했다. 구속 후 만 2일이 지나서야 환각상태에서 깨어났다. 이 남성에 대한 수사를 완벽하게 한다면, 제조책까지 검거할 수 있다는 신념으로 약 20여 일에 걸쳐 수사한 끝에 필로폰을 공급하고 함께 투약한 12명을 적발하여 이

가운데 5명을 구속했다.

　이 필로폰 사범 수사가 종결된 지 약 1개월 정도 지났을 때, 진주에 사는 남성이 검사실로 찾아와 내 책상에 3~4통의 편지를 올려놓고 눈물로 하소연했다. 이 남성은 가게를 운영하며 부인, 대학에 다니는 딸과 행복하게 살고 있었다. 그러나 어느 날부터 부인이 잠자리를 멀리하고 어쩌다 잠자리를 하면 모르는 사람의 이름을 불렀으며, 소비처가 불분명한 거액의 돈이 없어졌다.

　처를 의심하며 지내고 있었는데, 며칠 전 처와 대학에 다니는 딸이 쓴 편지를 읽어 보니 자신의 처와 딸이 한 남성과 함께 필로폰을 투약하고 성관계를 맺었다는 사실을 알게 되었다. 그런데 그 남성이 바로 얼마 전 내가 필로폰 사범으로 구속 기소한 자 중 한 명이라는 것을 확인하고 처벌해 달라고 요청하기 위해 온 것이었다. 다음 날 교도소에서 복역 중이던 투약사범을 불러 확인한 결과, 부인과 관계를 자백하면서 딸과의 관계는 부인했다. 필로폰에 중독되면 인간이 윤리와 수치심을 잊고 금수와 같이 되는구나 싶어 씁쓸했다.

　그 후에도 크고 작은 마약사건을 수사했다. 1997년 2월 27일 필로폰을 투약하고 난동을 피우는 자가 있다는 신고를 받고 그 자리에서 검거해 왔는데, 도착한 순간부터 내 얼굴을 의식적으로 쳐다보지 않았다. 안면이 있는 얼굴이어서 기억을 더듬어 보니 최초로 마약수사를 할 때 구속했던 남성이었다. 당시 수사에 기여한 바가 있음을 참작해 "다시는 필로폰을 투약하지 않겠다"는 다짐을 받고 정신병원에서 입원 치료를 받도록 했으나, 석방된 지 1년 1개월 만에 같은 죄명으로 또 구속된 것이다.

다시 잡혀 온 그를 마주하고 수사했는데, 그의 손가락을 보고 놀랐다. 10개 온전했던 손가락이 9개였다. 연유를 들어 보니 "정신병원에 입원해 치료하고 열심히 살던 중 사업이 실패해 스트레스를 받자 다시 필로폰의 유혹을 받았다. 그 유혹을 뿌리치기 위해 손가락 1개를 절단했는데 그럼에도 불구하고 유혹을 뿌리치지 못해 다시 필로폰을 투약하게 됐다"는 것이었다. 이러한 현상을 전문용어로 '재현현상(Flash Back)'이라고 한다. 마약류에 한번 중독되면 끊기 어렵다. 어떠한 유혹이 있어도 마약류는 절대 복용해서 안 되는 이유다.

포주집 단속과 이색적 수사기법

　순천지청에서의 근무를 마치고 광주지검으로 부임해서 마약과 조직폭력을 전담했다. 그중에는 윤락녀들의 화대를 포주가 가로챘는데 포주와 결혼할 남자가 현직 경찰관이었던 사례도 있었다. 해당 경찰관은 포주 집단속을 나갔다 인연이 되어 포주와 결혼을 약속하게 되었고, 비번일 때는 성 매수자에게 윤락녀를 실어 나르기까지 했다. 관련된 경찰관이 여러 명 구속될 정도로 광주지검에서는 꽤 큰 사건이었다.

　조사하다 보니 이 사건과 관련된 경찰간부가 인사발령 시 금품을 받아 상급자에게 상납해 왔다는 제보가 들어왔다. 정황상 신빙성이 있어 보였다. 어떻게 수사할 것인가 방법을 연구했다. 해당 간부가 근무할 당시 발령받은 형사들을 일시에 불러 설문조사를 하기로 했다. 부장검사에게도 소환조사 계획을 보고하고 일선 경찰서에 통보했는데, 서장들은 한총련 검거가 시급하므로 형사들을 보내기 어렵다고 하소연했다.

수사에 필요했으므로 "금방 끝내겠다"며 참석을 독려해 당일 100여 명의 형사들이 모였다. 설문지를 배포하며 양심에 따라 사실대로 기재하여 달라 요청했다. 회수해서 살펴보니 그 경찰간부에게 돈을 주었다는 내용이 있었다. '수사방법이 유효적절했다'는 생각을 하고 내심 만족했다. 그런데 차장검사실에서 연락이 왔다. 고생한다고 격려하려고 부른 것으로 짐작하고 갔으나 평소 화를 내지 않던 차장님의 표정이 굳어 있었다.

나를 보면서 신문 한 부를 내밀었다. 펼쳐진 신문은 사회면 1면으로, '이색적 수사 기법'이라는 제목 아래 형사를 상대로 설문조사한 내용을 기사화한 글이 눈에 들어왔다. 순간 '뭔가 내 생각과 다르게 돌아간다'는 느낌이 들었다. 차장님은 "양 검사. 언론 플레이 하냐. 한총련 검거 때문에 난리가 났는데 그 일을 담당하는 형사들을 지휘부에 보고하지 않고 마음대로 소환해서 뭐 하는 짓이냐? 당장 수사 때려 쳐!"라며 화를 냈다.

분명히 부장님께 사전에 보고를 드렸고 나름 성과가 나왔지만, 변명하지 않고 차장실을 나왔다. 지금 돌이켜 보면, 시급한 현안을 다루는 형사 100명 이상을 한 자리에 붙잡아 두고 조사했으니 무리한 수사였다는 생각이 든다.

유학시험 응시 연령제한 불합리성 제기

그즈음 법무연수원으로 교육받으러 갔다. 교육 중간에 관례대로 총장님 주재 오찬이 있었다. 오찬이 끝나고 각 테이블에서 한 명씩 질의하는 시간이 되었다. 내가 앉은 테이블에는 22기 동기 4명이 앉아 있었는데, 나이가 가장 많다 보니 내가 질의하는 것으로 결정되었다. 나는 "일선 검사들의 삶이 참으로 힘들다. 신문 볼 시간도 없다. 대검에서 친절운동을 벌이고 있는데 공감하나 현 상황은 그렇지 않다. 그래서 많은 검사들이 기획참모부서에서 근무하거나 유학을 가려고 한다. 일선 검사들의 애로사항을 잘 챙겨 달라"고 말했고, 총장님은 "업무에 참고하겠다"고 대답했다.

질문이 끝난 상황인데, 갑자기 평소 생각하고 있던 유학시험 자격 조건의 불공정함이 떠올랐다. 다시 발언 기회를 얻어 자격 조건의 불합리성에 대해 질의했다. 당시 조직 내 유학시험 응시 자격요건은 법조

경력 5년 이상, 나이 35세 이하였다. 30세가 넘어 임관한 검사는 응시 기회조차 없었다. 이 불합리성을 지적하고 싶었다. 총장은 배석한 참모에게 자격 조건에 대해 묻고 "매우 불합리한 조건이다. 검토하겠다"고 답했다. 그 후 유학시험 응시 자격에서 나이 제한이 없어졌다. 그 덕을 본 후배들이 있을지 모르겠지만, 내부의 불합리한 점을 개선했다는 사실은 지금 생각해도 뿌듯하다.

악몽의 2시간

　필로폰 투약사범, 남총련 사건, 일본에서 개최되는 '범죄방지 세미나' 참석 준비 등으로 머리가 복잡하고 몸과 마음도 바쁘던 시기였다. 자료를 정리하느라 주말인데도 쉬지 못하고 서재에 앉아서 끙끙대고 있던 일요일 밤이었다. 집사람이 "이상한 전화가 걸려 왔다"면서 바꿔 주었다. 목소리를 들어 봐서는 전혀 알 수 없는 사람이었다. 그는 자신의 신분을 밝혔는데, 과거 광주 시내 폭력조직 두목이었던 자로 지난해 봄 필로폰 투약 혐의로 구속했던 기억이 났다.
　집 전화번호는 어떻게 알아냈으며, 자기를 구속했던 검사에게 밤중에 전화를 한 이유가 무엇일까, 순간적으로 의문이 꼬리에 꼬리를 물고 이어졌다. 상대방은 내가 전화를 받자마자 "검사님, 사람이 죽었습니다. 조금 있으면 두 사람이 더 죽을 것입니다!" 하고 외쳤다. 매우 다급한 목소리였다. '사람이 죽었고 죽을 예정'이라는 내용에 놀란 나는 "무슨 말이냐, 천천히 자세하게 이야기를 해 봐라"며 진정시켰다.

그는 "오늘 오후에 광주 ○○경찰서 부근에서 총기살인사건이 발생했습니다. 그 살인범과 저는 호형호제하는 사이인데 범인이 타고 간 승용차는 제가 빌려준 것입니다. 그러나 저는 승용차가 필요하다기에 빌려주었지, 사람을 죽이러 갈 것을 알면서 차를 빌려준 것이 아닙니다. 범인의 인적사항과 현재 숨어 있는 곳을 알고 있습니다"라면서 범인의 이름과 숨어 있는 장소를 말해 주었다.

전화를 건 이유를 묻자 "검사님이 저를 필로폰 투약 혐의로 구속하여 재판받고 나와 현재 집행유예 기간입니다. 그런데 두어 달 전에 광주 시내 모 나이트클럽에서 친구들과 생일파티를 하던 중 상대방과 시비가 붙어 멱살을 잡아 흔든 사건으로 기소중지된 상태입니다. 차를 범인에게 빌려주었기 때문에 차를 추적하면 저는 경찰에 곧 체포됩니다. 체포되면 우선 폭행 기소중지 건으로 구속될 것이고 자칫 살인 누명까지 쓰게 될 것 같습니다. 저는 오늘 발생한 살인사건과 아무런 관련이 없습니다. 도와주십시오" 하고 애원했다. 전과자라서 사건 처리 과정 및 결과까지 예측한 것이다.

"무엇을 어떻게 도와 달라는 것이냐?"고 되묻지 않을 수 없었다. 그는 "검사님. 범인은 현재 총을 소지하고 있기 때문에 경찰이 접근하면 자살할 것입니다. 제가 설득하여 자수시키겠으니 이 살인사건에서 제가 무관함을 밝혀 주십시오"라고 부탁했다. 내 머릿속은 더 복잡해졌다. 지난번 필로폰 투약혐의로 구속할 때 겪어 본 느낌으로는 죄를 범했지만 야비하게 거짓말을 할 사람 같지 않았다.

나는 그에게 이 살인사건에 정말로 관련 없는지 수차에 걸쳐 확인하였다. 객관적으로 증명되지 않은 사람의 말만 믿고 흥정한다는 자체가 모양 사나웠다. 그러나 검사가 죄 지은 자를 찾아내 벌하는 것이 능사인가, 더 큰 범죄를 예방한다는 차원에서 무시할 수만도 없었다. 먼저 경찰에서 어느 정도 수사가 진행되고 있는지 알아볼 시간이 필요했다. "20분 후에 다시 전화하면 그때 확답을 주겠다"고 말한 후 검찰청 당직실과 해당 경찰서에 확인했다.

제보자가 말한 대로 총 2발을 맞고 현장에서 즉사한 사람이 있으며, 범인은 도주했으나 범인이 누구인지, 범행 동기가 무엇인지, 수사를 어떤 방향으로 할 것인지 아무런 대책이 없는 상태였다. 경찰에 범인의 인적사항과 은신처를 알려 경찰로 하여금 범인을 체포토록 할 것인가, 아니면 제보자의 말대로 범인을 설득하여 자수하게 할 것인가 선택해야 했다.

경찰에 알리면 범인은 소지한 총으로 자살할 수도 있고, 대치 과정에서 또 다른 인명이 살상될지도 모를 일이었다. 경찰에 알리는 것을 포기하고 그의 요구에 대해 당청 강력부 송○○ 부장님 댁으로 전화해 지금까지의 상황을 보고했다. 부장님으로부터 제보자의 요구를 받아들이는 것을 허락받았다.

20분이 채 지나지도 않아 제보자로부터 다시 전화가 걸려 왔다. "검사님. 급합니다. 검사님이 저의 요구를 들어주지 않으면 저는 일단 도주할 수밖에 없습니다"라며 조급해했다. "요구를 들어주겠으니 범인을 자수시켜 봐라"라고 하자 "경찰을 은신처로 보내면 저도 죽습니다. 경찰은 절대로 들여보내지 마십시오. 제가 직접 범인을 설득하고 설득 과정을 계속 전화로 보고 드리겠습니다"라며 전화를 끊었다.

나는 그가 범인을 설득하는 동안 절대로 경찰을 들여보내지 않기로 약속하였으나, 만일의 사태에 대비해 관할서 형사과장에게 지시해 형사 15명을 범인 은신처 부근에 매복시켰다. 이윽고 21시 30분경 제보자로부터 전화가 걸려 왔다. "범인을 만났는데, 전처와 장모를 죽이고 자살하겠다는 내용의 유서를 작성해 놓고 실탄을 장전하고 있습니다. 쉽게 자수할 것 같지 않은데 조금만 기다려 주십시오"라고 했다. 목소리를 들어 보니 두려움에 떨고 있었다. 그에게도 목숨을 건 시도였던 것이다.

범인을 설득해 범인으로 하여금 나에게 "직접 전화를 걸게 하라"고 말한 뒤 전화를 끊었다. 곰곰이 생각해 보니 앞으로 제보자가 범인에게 인질로 잡히거나 부상을 당하는 등 예기치 못한 상황이 벌어질 경우 나에게 쏟아질 질타에 대해서도 걱정이 앞섰다. 그 후로도 제보자는 2~3회에 걸쳐 초조하고 겁에 질린 목소리로 상황의 어려움을 호소했다. 범인이 "전처가 불륜 관계인 남자와 짜고 거짓으로 진술했는데, 수사기관이 그쪽 말만 듣고 부당하게 처리해 억울하게 구속되었다"며 "경찰이든 검찰이든 수사기관은 못 믿겠다고 한다"고 전했다.

자신이 실해한 남자와 전처의 불륜관계를 밝혀내고 전처를 몇 대 때린 적이 있는데 남자가 전처를 조종하여 범인의 장모까지 폭행한 것으로 거짓진술하게 하고 수사기관도 고소인의 말만 믿었다는 것이다. 범인은 이 때문에 존속폭행으로 수사기관에서 조사받고 구속된 사실이 있는데, 범인은 위 사건이 부당하게 처리되었다고 아무리 하소연해도 자기 말은 먹혀들지 않아 수사기관에 대하여 피해의식에 젖어 있다는 내용이었다.

기다리는 것 외에 달리 방법이 없었다. 제보자가 범인을 만나 설득한 지 벌써 30분이 경과되고 있었다. 범인을 설득시키지 못하면 제보자가 인질이 될 형국은 불문가지였다. 경찰을 투입시키는 방법도 생각해 보았으나 무책임한 일일 것 같았다. 범인이 속았다는 사실을 안 순간 제보자의 생명을 보장할 수 없었다. 초초하게 기다리는데 드디어 전화가 걸려왔다. "검사님. 형을 바꿔 드리겠습니다."

전화를 넘겨받은 범인은 "생각할 시간을 달라"고 했다. 나는 그에게 "생을 포기하지 말라. 당신이 처해 있는 상황을 더욱 악화시키지 말라. 자수하면 법이 허용하는 최대의 선처를 해 주겠다"는 취지로 범인을 설득했다. 범인은 깊이 숨을 들이마시고는 "저의 억울한 사연을 들어 주십시오"라며 마음을 열었다. 순간 '옳지. 이 건은 해결되었다'는 생각이 들었다. 마약사범이나 흉악무도한 범인에게 어떠한 미사여구를 동원해 설득하는 것보다 범인의 하소연을 들어 주고 다독거려 주면 날뛰던 범인도 스스로 마음의 빗장을 열고 범행을 자백하는 경우를 여러 번 경험한 터였다.

범인의 넋두리는 그칠 줄 몰랐다. 계속 같은 말을 반복하며 시간을 끌었다. 나는 지금까지 검사로 살아온 과정을 이야기하며 "늦지 않았으니 자수하라"고 설득하기 시작하였다. 중간에 범인은 "모든 것이 끝났다. 어차피 죽을 목숨, 지금 자수해 봐야 내 인생이 달라지겠느냐. 세상 사람들이 나의 억울하고 답답한 심정을 이해하겠는가. 살인범이라고 손가락질밖에 더 하겠느냐"며 흥분했다. 더 이상 설득은 무의미했고 계속 범인의 하소연을 듣고 있을 수밖에 없었다. 범인을 자극하거나 범인과의 신뢰를 저버릴 말이나 지키지 못할 약속은 할 수 없었기 때문이다.

이윽고 살인범이 "제가 지은 살인죄에 대하여는 어떠한 처벌도 받겠습니다. 그러나 죽은 남자가 전처를 조종하여 제가 억울하게 구속되었던 사건과 기소중지된 무고사건의 진실을 밝혀 주시되 제가 자수하면 저를 경찰로 보내지 마시고 검사님이 직접 조사해 주십시오"라고 요청했다. "들어줄 테니 일단 자수하라"고 했더니 "형사를 보내지 마시고 검사님이 데리고 있는 직원을 보내 저를 검사실로 데리고 가 주십시오"라고 덧붙였다.

그의 요구를 수락했지만 다시 깊은 갈등에 빠졌다. 범인은 극도로 흥분된 상태고 실탄이 장전된 총을 소지하고 있었기 때문이다. 직원을 보내 약속대로 자수한다면 좋지만, 반대로 직원을 인질로 삼거나 최악의 경우 살해한다면 나는 직원과 그의 가족에게 평생 죄인이 될 뿐만 아니라 검찰 조직 내부로부터 개인의 공명심 때문에 무모하게 일을 벌여 직원을 죽게 했다는 비난을 받고 검사직을 그만둬야 할 수도 있었다.

'지금 상황에서 직원을 보내지 않고 매복 중인 형사들로 하여금 범인을 체포케 한다면, 비록 범인과의 약속이지만 검찰의 신뢰성에 문제가 있고 배신감을 느낀 나머지 범인은 자수를 설득하러 간 사람을 죽이고 자신도 자살할지 모른다. 만약 직원을 보낸다면 누구를 보낸다는 말인가, 누가 성공적으로 이 중차대한 임무를 수행할 수 있을 것인가.' 고민스러웠다.

나는 두 명의 참여계장과 같이 근무하고 있다. 이○○ 계장과 황○○ 계장이다. 이 계장은 유머감각이 풍부하여 하루에 한 번씩은 사무실에 웃음꽃을 피우게 하는 재주를 가지고 있으며, 황 계장은 동작이 민첩

하고 정보수집과 정보원을 다루는데 탁월한 감각을 지닌 30대 중반의 직원이다. 전입하여 만나 근무해 온 10개월 동안 이 두 사람은 한시도 내 곁을 떠나지 않았다.

인지수사를 하다 막히면 황 계장은 훌쩍 어디론가 사라졌다가 꼭 필요한 참고인이나 중요한 증거를 내놓곤 해서 홍콩 무술영화 황비홍을 빗대어 '황삐홍'으로 불렀다. 그 황삐홍이 얼른 떠올랐다. 우리 실에서 8개월 동안 인지사건 구속인원이 100명이 넘을 정도로 야근을 밥 먹듯이 했는데, 불평 한마디 없이 묵묵히 맡은 바 소임을 다하는 것을 보면 일을 위해 태어난 사람같이 보였다. 필로폰에 취해 흉기를 소지하고 있는 마약사범을 검거할 때도 몸을 사리지 않았다. 직접 범인과 접선하여 승용차 안에서 범인을 설득하던 중 범인이 갑자기 잭나이프를 뽑아 들며 덤벼들 때도 침착하게 제압할 만큼 배짱도 있었다.

마침 아들이 병원에 입원하고 있어 미안한 마음이 컸지만, 고민 끝에 하는 수 없이 황 계장에게 전화했다. 상황을 설명하고 데리고 와 달라고 부탁했다. 새벽 1시, 황 계장으로부터 현장에 도착했으며 지금 들어가겠다는 전화가 걸려 왔다. 그저 조심하라는 말 외에 다른 말은 할 수 없었다. 들어간 지 10여 분이 지나도 아무런 연락이 없었다. 전화를 걸었다. 황 계장이 "검사님. 조금만 기다리십시오"라고 짧게 대답한 뒤 전화를 끊었다.

10분, 20분, 30분이 지났다. 시간은 자꾸만 흘러갔다. 초조해서 다시 전화를 걸었으나 이젠 전화도 받지 않았다. 심장이 두근거렸다. 매복 중인 형사들로 하여금 은신처를 덮치도록 하는 방법도 생각했다. 불길한 예감이 들었다. 온갖 상상을 떠올렸다 지우기를 반복하면서 만의 하나 결과가 만족스럽지 못하더라도 정의감을 갖고 행한 일이니 어떤 상황이 닥치더라도 담담하게 받아들이기로 마음을 다잡았다.

황 계장이 범인의 아파트에 들어간 지 2시간쯤 지났을까, 새벽 3시쯤 드디어 전화가 걸려 왔다. "이제 총을 넘겨받았습니다. 곧바로 범인을 검사실로 데리고 가겠습니다." 안도의 한숨이 내쉬어졌다. 나도 사무실로 출발했다. 도착해 보니 황 계장이 범인을 데리고 이미 도착해 있었다. 범인은 눈동자가 풀린 상태로 멍하니 의자에 앉아 있었고, 망원렌즈가 부착되어 있는 총은 실탄 5발과 함께 내 책상위에 놓여 있었다.

시간이 오래 걸린 이유를 물었다. 범인의 은신처에 들어가니 총에 실탄을 장전한 채 부둥켜안고 가까이 오지 못하게 하면서 "전처와 장모를 죽이고 자신도 자살하겠다"는 말만 반복했다는 것이다. 경계를 늦추지 않고 설득하러 간 이들을 향해 총구를 겨누거나 자신의 목에 가져다 대며 2시간 동안 밀고 당기는 지난한 설득 끝에 마침내 총을 넘겨받았다고 했다. 범인이 경찰서 유치장으로 가는 것을 꺼리고 검찰청에서 직접 조사해 주기를 강력히 요구하는 바람에 출근 시간까지 범인을 데리고 있을 곳이 필요했다. 궁리하다가 황 계장과 강력부에서 파견된 백 형사에게 범인을 검찰청사 부근 여관에 데리고 가서 세 명이 수갑을 연결한 채 잠을 자고 오전 8시 반까지 사무실로 출근하도록 지시한 후 집으로 돌아오니 새벽 5시 반이었다.

자리에 누웠으나 밤사이 벌어졌던 일들이 주마등처럼 이어져 잠이 오지 않았다. 한참을 뒤척이다가 보고할 자료도 준비할 겸 일찍 출근하기로 작정하고 자리에서 일어나 텔레비전을 틀었다. 텔레비전에서는 경찰관 2명이 부산교도소 탈주범 신창원과 맞닥뜨렸으나 상부에 보고하지도 않고 검거하려다가 또 놓쳤다며 공명심에 눈먼 경찰관은 물론 한국 경찰을 싸잡아 비난하는 내용이 보도되고 있었다. 남의 일 같지 않았다.

8시 반에 사무실로 출근하여 범인으로 하여금 하고 싶은 이야기를 자술서 형식으로 작성토록 한 후 검사장에게 간밤에 발생하였던 사건의 전모를 보고 드렸다. 그리고 '범인이 검찰에서 직접 조사받기를 원한다'는 요구사항도 곁들였다. 검사장은 검찰에서 조사할 경우 일선 경찰의 사기에 문제가 있으니 경찰서 형사과장을 소환해 범인의 면전에서 범인이 억울해하는 점에 관하여 소상하게 조사하도록 하라고 말씀하셨다.

결국 경찰서 형사과장, 형사계장을 불러 범인의 면전에서 범인의 요구사항을 알려 준 후 자술서와 총, 실탄과 함께 범인을 인계했다. 그날 밤 악몽 끝에 깊은 잠을 잘 수 없었다. 이 사건을 지휘하며 수사기관에서 조사받은 사람 중 많은 사람들이 수사기관을 불신하고 있다는 사실을 확인했다. 다시 한번 무고한 사람이 억울함을 당한 일이 없었는지 곰곰이 따져 봐야겠다고 생각했다.

글로벌 인맥을 만든 곶감

1998년 1월부터 2월 말까지 약 6주 동안 일본에서 UNAFEI가 주관하는 '조직범죄 세미나'에 참석했다. 아시아와 라틴아메리카 등 21개국 조직범죄 관련 수사부서 대표가 참석하는 세미나였다. 나는 당시 조직범죄 수사실적이 탁월해서 대검 추천을 받아 가게 되었다. 세미나 참석에 필요한 영어시험은 간신히 합격했다. 6주 과정의 세미나는 강의 및 발표를 포함한 모든 행사가 영어로 진행되었다.

처음 2주 동안은 하치오지(八王子)에서, 나머지 4주는 후추(府中)에서 세미나가 개최되었다. 영어시험은 합격했지만 듣기가 잘 되지 않았다. 강의는 교재가 있어 읽어 보면 대충 내용을 알 수 있었다. 문제는 마지막 3주 동안 예정되어 있는 각국의 발표 및 답변이었다. 각 국가 대표는 자국의 조직범죄 상황을 영어로 발표하고 즉석에서 참석자들로부터 영어로 질문을 받고 영어로 답변하는 형식인데 시간제한이 없다.

이 난관을 어떻게 극복할 것인가? 잘못하면 국가망신이다. 마음이 편하지 않아 소화도 안 됐다. 고민을 거듭하던 어느 날, 일과 후 숙소 지하 체육관에 갔더니 홍콩, 말레이시아, 태국 대표들이 탁구를 치고 있었다. 세미나 참석자 중 이 3명의 영어 실력은 매우 독보적이었다. 미국에서 대학을 졸업했기 때문인지 스피치 능력도 탁월했다.

순간 나의 머릿속에 섬광처럼 아이디어가 스쳐 지나갔다. 저들과 친하게 지내면 고민을 해결할 수 있겠다는 생각이 들었다. 이들이 탁구 치는 것을 지켜보니 나보다 못하는 것 같았다. 그래서 자신감을 갖고 탁구 게임을 제의했다. 최선을 다하여 게임했고, 3명 전부 이겼다. 그들은 나에게 "대한민국 챔피언이냐?"고 물었다. 나는 "그렇지 않다. 대한민국 국민은 최소한 나정도 실력은 된다"라며 큰소리쳤다. 나에게 호기심과 관심을 갖는 것 같아 '쇠뿔도 단김에 뺀다'는 속담처럼 내 방으로 초대했다.

그들에게 한국에서 가져온 곶감을 1개씩 나눠 주었다. 곶감을 처음 본 듯 "이게 뭐냐?"고 물었다. 정확한 단어가 생각나지 않아 'Dried Persimmon'이라고 했다. 그들은 처음 봤다면서도 맛있게 먹었다. 그 뒤로 일과 후에 그들과 자주 탁구 게임을 했다. 일부러 져 주기도 하면서 게임에 흥미를 갖게 하였고, 게임이 끝나면 어김없이 내 방으로 초대해 곶감을 주면서 친분을 쌓았다.

발표 예정일 약 1주일 전, 그날도 그들과 어울려 탁구 게임을 하고 내 방에서 곶감을 먹었다. 이들에게 "고민거리가 있다"고 이야기했다. 이들은 거의 동시에 "What?"이라고 물었다. "1주일 뒤에 내가 발표하는데, 듣기가 자신 없다"고 털어놓았다. 그러자 그들은 거의 동시에

"Don't worry"라면서 대안을 제시했다. 바로 '짜고 치는 고스톱'. 내 발표가 끝나면 다른 참석자들이 질문하기 전에 자신들이 질문을 장황하게 해서 다른 사람들이 질문할 기회를 갖지 못하게 하고, 질문도 내가 원하는 질문을 하겠다는 것이었다.

원하던 바였다. 그날부터 나는 마음의 짐을 내려놓고 부담 없이 생활했다. 발표도 답변도 무사히 잘 마쳤다. 세미나가 끝날 때까지 그들과 친하게 지냈다. 그 뒤로 곶감을 먹을 때마다 그들이 생각난다.

사체 없는 살인사건

1998년 여름, 한 아주머니가 검사실로 찾아왔다. 남편은 모 자동차 회사 영업사원으로 실적이 탁월하고 회사와 가정에서 문제없이 잘 생활했는데, 며칠 전 회사 동료들과 저녁 회식을 한 후 지금까지 연락이 없다고 했다. 회사 동료들도 회식 후 각자 헤어졌다고만 할 뿐 그 행방을 모른다고 했다는 것이다. "경찰서에 신고했지만 검사님이 관심을 가지고 경찰을 지휘해 달라"는 요청이었다. 들어만 봐도 '살인사건 같다'는 감이 왔다.

담당 경찰서 형사과장에게 이 실종사건에 대해 확인했다. 형사과장은 회식을 함께 한 동료 직원, 평소 영업실적으로 경쟁관계에 있는 직원 등 의심 가능한 모든 사람들을 조사했지만 특별히 밝혀진 것이 없다고 말했다. 별 뾰족한 묘안이 떠오르지 않아 "수사를 철저히 하라"는 상투적인 지시만 했다. 그 후에도 실종자 부인은 여러 번 사무실로 찾아왔다.

경찰은 행불자의 휴대폰을 추적해 행불자가 회식 후 집에 오기 위해 탔던 택시기사를 범인으로 특정하였다. 그 택시기사는 카드사기 혐의로 수배되어 있어 일단 수배된 범죄사실로 택시기사를 구속했다. 경찰은 "기사로부터 행불자를 살해했다는 자백을 받았고, 자백에 대한 나름 보강증거를 확보하여 살인 및 사체유기죄로 인지하겠으니 승인해 달라"고 했다. 수사기록을 면밀히 검토했다. 택시기사가 범인이라는 점은 기록상 완벽했다. 다만 택시기사가 진술한 장소에서 사체가 발견되지 않은 점이 신경 쓰였다.

경찰이 택시기사를 살인죄 범인으로 특정한 증거는 첫 번째, 택시기사가 행불자의 휴대폰을 소지한 점, 두 번째, 택시 뒷자리에서 행불자 혈흔을 발견한 점, 세 번째, 택시기사가 행불자와 요금 문제로 시비하다 몇 대 때렸더니 그가 죽어 버렸고, 자신은 집에 돌아와 피 묻은 옷과 신발을 세척했다고 자백한 점, 마지막으로 택시기사 처가 남편이 그날 저녁 피 묻은 옷과 신발을 세척하는 것을 보았다고 진술한 점이었다.

이 정도 증거면 택시기사를 살인 및 사체유기 피의자로 입건하는 데 별 문제가 없었다. 그런데 사체가 발견되지 않은 점에 대한 경위가 석연치 않았다. 기사가 행불자의 사체를 버린 장소라고 특정한 곳에 가서 아무리 찾아봐도 사체가 발견되지 않았다. "그곳에 사체가 없다"고 하면 택시기사는 다시 다른 장소를 특정했다. 그 장소를 수색해도 발견되지 않았다. 이렇게 유기 장소를 바꾼 것이 4번 정도였는데 전부 수색했으나 사체를 발견하지 못했다.

경찰은 사체가 발견되지 않은 점에 대해 수사보고서를 작성하여 기록에 편철했는데, 그 내용은 '택시기사가 사체를 잔인하게 훼손하여 버렸기 때문에 그 점이 확인되면 형량이 높아질 것 같아 그 장소를 허위로 진술하고 있다'라고 명시되어 있었다. 기록을 몇 번이나 읽어 보고 여러 번 생각하였으나 사체가 발견되지 않았고, 사체유기 장소에 대한 용의자의 진술에 신빙성이 없는 점을 감안하여 용의자를 살인죄 등으로 입건하는 데 불허 결정을 내렸다. 경찰에 재수사하라고 지시하자, 용의자가 범인임이 분명한데 검사가 피의자 입건을 불허한다고 상당한 불만을 드러냈다.

가을이 되었다. 어느 날 이 사건을 수사하던 경찰서 형사과장이 급한 목소리로 전화를 걸어 왔다. "행불자를 살해한 진범을 체포했고, 택시기사는 범인이 아니다"고 했다. 순간 나도 모르게 안도의 한숨을 쉬었다. 만약 택시기사를 살인죄 피의자로 입건하라고 지휘했다면 어쩔 뻔했나 생각하니 등골이 오싹하고 식은땀이 났다. 진범은 청년이었다.

진범을 조사한 결과, 피해자는 사건 당일 저녁 직원들과 회식한 후 집으로 가기 위해 용의자로 의심받았던 택시기사가 모는 택시를 탔다. 가는 도중 요금 문제로 시비가 붙었고, 기사는 택시를 정차하고 피해자를 구타한 후 피해자를 하차시키고 가 버렸다. 그 과정에서 피해자의 혈흔이 택시 뒷좌석과 기사 옷, 운동화에 묻었고, 피해자의 휴대폰이 택시 뒷자리에 떨어진 것을 기사가 주워서 휴대하게 되었다.

피해자는 택시기사에게 맞고 부근을 배회하던 중 주변을 지나가던 피의자와 시비가 붙었고, 피의자가 주먹으로 피해자의 안면을 몇 대 때리자 현장에서 죽어 버렸다. 피의자는 피해자를 업고 자신의 자취방으로 와서 대형 고무통에 사체를 넣고 덮개를 비닐 등으로 밀봉했다. 몇 개월 뒤 피의자가 다른 집으로 이사하면서 사체가 들어 있는 고무통도 이사한 집으로 옮겼다. 그런데 새로 이사한 집 주인의 직업이 '염사'였다. 고무통에서 사체 썩는 냄새가 나는 것을 확인하고 경찰에 신고하며 사건의 전말이 드러난 것이다.

경찰이 고무통을 개봉하고 보니 거의 백골이 된 사체가 들어 있었고, 주변에 있던 소지품을 통해 신원을 확인했다. 그러면 택시기사는 피해자를 죽이지 않았는데 왜 죽였다고 자백했을까? 정확한 이유는 모르겠지만, 아마 자신이 피해자를 때린 사실이 있는데, 그 후 행방불명되었다고 하니 자신의 구타로 죽었을지 모른다는 생각을 했던 것 같다. 당연히 사체가 어디에 있는지 알 수 없었으니 4번이나 허위 진술할 수밖에 없었던 것이다.

만약 택시기사를 살인죄 피의자로 입건하도록 지휘했더라면 어떻게 됐을까? 그 책임은 면키 어려웠을 것이다. 무능한 검사로 낙인찍히고 택시기사는 억울한 살인범이 되어 심각한 인권침해를 당했을 것이다. 검사의 수사지휘가 얼마나 중요한지 알 수 있는 사건이었다.

광주교도소 내 필로폰 반입 사건

1998년 6월 3일. 검사장실에서 찾는다고 연락이 와서 가 보니 광주교도소 소장과 함께 있었다. 검사장이 "광주교도소 장기수들이 교도소에 필로폰을 반입시켰는데, 청송 교도소로 이감시키려고 하자 필로폰 반입 사실을 언론에 공개하겠다고 한다. 소장이 가지고 온 물건이 진짜 필로폰인지 아니면 장기수들이 지금 장난을 치고 있는 것인지 감정해 보라"고 하면서 백색 물체를 건네줬다.

수사 경험상 그 백색 물체가 필로폰 진품이며, 그것도 순도가 아주 높다는 것을 한눈에 알 수 있었다. 검사장과 교도소장 면전에서 백색 물체를 혀에 대 보았다. 톡 쏘았다. 나는 "진품이 확실합니다만, 시약 검사 후 다시 보고드리겠습니다"고 말했다. 순간 교도소장의 얼굴이 굳어졌다.

사무실에 돌아와 간이 시약 검사를 했다. 결과는 양성, 진품 필로폰이었다. 검사장님께 보고했다. 남은 과제는 누가 어떤 경로로 반입했는지를 밝히는 것이었다. 즉시 수사에 착수했다. 교도소장을 상대로 기자회견을 운운한 장기수 3명을 소환했다. 토요일이었는데 오후 늦게까지 조사했지만 진전이 없었다.

장기수 3명은 살인, 상해치사죄 등으로 사람을 살해한 자들이었다. 체격이 크고 범상치 않은 외모를 가졌다. 3명 모두 모른다고 부인하고 나는 추궁하는 공방전이 지루하게 이어졌다. 상당한 시간이 지나자 그중 대표격으로 보이는 장기수가 제안했다. "우리가 할 수 있는 진술은 세 가지입니다. 첫째, 지금처럼 부인하는 것, 둘째, 운동장에서 운동 중 주웠다고 하는 것, 셋째, 사실대로 자백하는 것입니다. 오늘은 이만 조사를 마치고 저희들을 돌려보내 주시면 신중하게 생각한 후 다음 주 월요일 출석하여 영감님 명성에 누가 되지 않게 진술하겠습니다. 오늘은 저희들을 그만 돌려보내 주십시오."

프로다운 협상이었다. 잠시 생각했다. 더 이상 조사는 무의미하다는 결론을 내고 장기수들을 돌려보냈다. 주말을 보내고 월요일 아침이 되자 일찍 출근해 장기수들을 맞이할 준비를 하고 있었다. 그런데 교도소 보안과장으로부터 전화가 왔다. "장기수 3명 모두 아침식사 때 숟가락을 삼켜서 복통으로 검찰청에 갈 수 없는 상태입니다. 먼저 병원에 가서 숟가락을 빼낸 후 가겠습니다."

직감적으로 '장기수들이 오늘 검찰에 출석하지 않고 범행을 부인하려는 의도로 숟가락을 삼켰구나'라고 판단했다. 인권을 생각한다면 먼저 병원에 보내서 숟가락을 빼내는 게 맞다. 하지만 그렇게 되면 수사

목적은 달성하기 어렵다. 잠시 결정을 내리지 못하고 머뭇거렸다. 그러다가 진실을 먼저 밝히는 쪽을 선택했다. 보안과장에게 "3명 모두 먼저 검찰청으로 보내라. 조사를 신속하게 마친 후 병원으로 보내겠다"고 했다.

장기수 3명은 배를 움켜잡고 온갖 인상을 쓰면서 검사실로 들어왔다. 토요일과는 그 모습이 완전히 달랐다. 물을 마시면 통증이 완화될 것 같아 그들 앞에 생수 1병씩 놓았다. 병원이 급하다고 생각했는지 매우 짧은 시간에 모든 것을 털어놓았다.

자백에 따르면, 장기수 A가 청송교도소 이송 명령을 받고 철사를 삼켜 시내 병원에서 개복 수술을 했다. 입원 중 친구를 통해 필로폰을 반입했는데, 퇴원하여 교도소 측에 이송결정 철회를 요구했으나 관철되지 않자 일부는 투약하고 일부를 가지고 교도소장을 협박한 것이었다. 통상 퇴원하고 다시 교도소로 입소할 때 신체검사를 받는다. 필로폰 반입이 발각되지 않았던 이유는 이 재소자의 손가락 중 1개가 기형적으로 중간이 굽어 있었는데, 그 점을 이용해 굽은 손가락 사이에 필로폰을 숨겼던 것이었다.

관련자들을 마약관련 범죄 혐의로 전부 기소했다. 그런데 그 후 익명의 재소자들로부터 진정서가 왔다. 이번에 발각된 것은 '빙산의 일각'이라는 주장이었다. '교도소 내에서 조직폭력배들이 담배 장사를 한다'는 제보도 있었다. 신빙성이 있다고 판단해 영장을 발부받아 교도소를 한밤중에 압수수색했다. 기소한 장기수 방안에서 수십 통의 담배가 발견되었다. 담배 1개비에 5만 원을 받고 판매하고 있다는 사실도 확인했다. 재소자뿐 아니라 관련 교도관까지 처벌해야 해서 난감했던 사건이었다.

피의자의 자살기도

1997년의 일이다. '염산날부핀'이라는 진통제가 있다. 당시에 이 약은 특별약품으로 분류되어 의사의 처방전 없이는 구입할 수 없었다. 지금은 마약류로 분류되어 구입, 사용에 있어 그때보다 더욱 엄격하다. 당시 이 약을 먹으면 술에 잘 취하지 않고 취하더라도 쉽게 깬다고 하여 술집 종업원들 사이에 인기가 있었다. 정상적으로 처방전을 받아 구입할 경우 개당 몇백 원에 불과한 약이 개당 몇만 원에 불법 유통되고 있다는 제보를 받았다.

여러 날에 걸친 수사 결과, 이 불법유통에 전현직 경찰관, 의사, 병원 사무장, 조직폭력배, 약품도매상 직원이 개입되어 조직적, 전국적 규모로 이뤄지고 있다는 사실을 밝혔다. 사무장 병원에서 염산날부핀을 사용하지 않은 환자들에게 염산날부핀을 처방한 것으로 허위처방전을 발행하여 약국과 의약품 도매상으로부터 대량으로 염산날부핀을 확보하고, 조직폭력배들이 술집 종업원들을 상대로 유통시켰다. 경찰은 이 유통망의 뒷배가 되었다.

수사를 하다 조직의 정점에 있는 자까지 구속하게 되었다. 이미 염산날부핀 불법유통 관련 전과가 여러 개였고, 인천지검에서 체포되었을 때 수갑을 찬 채로 도주한 전력도 있었다. 잡혀 온 날 뒤를 봐준 경찰관, 보건소 직원들의 이름과 제공한 뇌물액 등을 말했으나 조서를 받겠다는 다음 날, 증언을 모두 부인해 황당했다. 증거가 명백했기에 이 자를 비롯해 관련자 여러 명을 구속기소했다.

　이것으로 깔끔하게 끝났으면 좋았을 텐데, 주모자를 기소한 후에도 계속해서 전국 청에서 이 자와 관련된 사건들이 광주지검으로 이송되어 나에게 배당되었다. 이송되어 오는 대로 조사해 계속 추가기소할 수밖에 없었다. 자백과 증거가 충분해 직원이 조사를 담당하고 나는 직접적으로 관여하지 않았다. 어느 여름날, 주모자가 이송된 사건에 대해 조사받기 위해 검사실에 왔다 돌아갔다. 그런데 검찰청 내 구치감에 유치된 후 신고 있던 양말을 찢어 줄을 만들어 목을 매었다. 교도관이 빨리 발견하여 다행히 죽지는 않았으나 지역 언론은 '양부남에게 조사받던 피의자가 자백강요로 심리적 압박을 받아 자살을 기도했다'는 기사를 보도했다.

　다음 날 대검과 고검으로부터 피의자에 대한 진상 확인이 있었다. 그 결과, 전국 청에서 사건이 이송되며 계속 추가 기소되자 불안감 때문에 삶에 대한 의지를 포기하고 자살 기도를 한 것이고 내가 지휘한 조사와는 무관하다는 사실이 밝혀졌다. 그 사람은 지금 어디에서 무엇을 할까? 건강하게 잘 살기를 바란다. 이 수사를 진행하며 '염산날부핀'의 마약류 분류 필요성을 대검에 보고했다. 그 후 얼마 되지 않아 염산날부핀은 마약류로 분류되었다.

가장 후회스러웠던 수사

또 기억에 남는 것은 1998년 4월에 일어난 사건이다. 광주 시내 폭력조직의 행동대장 A는 조직원과 함께 남광주 농수산물종합유통상가를 장악, 상인들에게 활어를 고가로 강제경매하고 입점상인들로부터 상가 분양프리미엄조로 거액을 편취했다. 수사를 개시하자 A는 도피해 검거하지 못했다. 나는 그 이유가 경찰관들의 비호 때문이라고 판단했다. 법원으로부터 압수수색 영장을 발부받아 파견 경찰관 B형사 등으로 하여금 A사무실을 압수수색하도록 했다.

B는 압수수색 중 A가 경찰관에게 상납한 내용을 기재한 장부를 발견했다. 그러나 나에게 제출하지 않고 보관하던 중 그 사실을 지득한 A의 부탁을 받은 경찰관 C의 요구로 A에게 장부를 돌려줬다. A가 검거되지 않는 이유를 파악하고 일단 파견 형사들을 전원 복귀시켰다. 입증할 증거자료를 확보한 다음 B를 소환하여 "이런 사실이 있냐?"고 수차례 물었다. B는 완강히 부인했다. C는 전부 자백했다.

나는 배신감에 걷잡을 수 없이 화가 났다. C는 구속기소, B는 불구속 기소했다. 두 사람 모두 유죄 판결을 받고 경찰을 그만두었다. 그 뒤로 우연히 지나다가 B를 봤다. 마음이 아팠다. 지금까지도 일생 후회하는 일을 꼽으라면 제일 먼저 생각날 정도로 수사 당시 B를 계속 설득하지 못한 점을 두고두고 후회한다.

진정과 투서를 가장 많이 받은 검사

대검은 1998년부터 모범검사를 뽑았다. 업무실적이 뛰어나고 인품과 능력이 훌륭한 검사에게 상을 주고 다음 인사 때 원하는 곳으로 보내 주는 제도다. 각 청에서 후보자를 대검에 보내면 대검에서 엄선하여 상을 주었다. 그런데 광주지검에서 나를 모범검사 후보로 추천한 것이 아니고, 사무감사팀이 감사를 통해 업무실적을 보고 추천했다.

시상식 전날, '모범검사로 선정되었으니 내일 대검으로 오라'는 연락이 왔다. 그런데 몇 시간이 지나자 다시 연락이 왔다. 진정과 투서가 많아 상을 줄 수 없으니 오지 말라는 것이었다. 황당하고 기분이 좋지 않았지만 '검사가 상이 중요하냐? 일이 중요하지'라는 생각으로 마음을 달랬다. 그랬더니 또 몇 시간 후 다시 연락이 왔다. 상을 줄 테니 오라고 했다.

다음 날 서울로 올라갔다. 당시 김○○ 감찰과장이 시상 전 나를 보자고 하셨다. "실적도 좋지만 사람을 사랑해야 한다"는 말씀을 해 주셨다. 공감하고 감명 받았다. 광주지검에서 일하며 조직폭력배, 토호세력, 공무원, 마약사범을 집중적으로 수사해 많은 사람을 구속하였다. 증거가 명백함에도 자신의 잘못을 인정하지 않고 수년이 지난 뒤에도 억울하다는 입장을 보였던 피의자들이 수없이 많은 투서와 진정을 넣었던 것이다. 지금 생각하니 그들은 마음속으로 수사 결과에 승복하지 못했던 것 같다. 좀 더 유연하고 부드럽게 수사했더라면 하는 아쉬움이 있다.

인사보복을 당하다

　1999년 2월 구정 연휴가 시작되던 토요일 오전 박○○ 검찰1과장으로부터 전화가 왔다. "양 검사. 이번 인사에 법무부로 간다. 인사보안이니 혼자만 알고 있어라." 나는 내 귀를 의심했다. 아무 배경도 없고 나이도 많은데 법무부에서 근무할 수 있게 되다니 너무 고마웠다.
　과장님은 순천지청에서 근무할 때 부장님으로 몇 개월간 모신 것이 전부였다. 당시 우리 부가 씨프린스호 전복 사건 관련 뇌물죄를 수사했는데 나는 모 해운회사 사장을 맡았다. 관련 공무원에게 뇌물을 제공한 사실 일체를 자백 받고, 군수와 서장 등을 기소하였다. 그 공으로 대검찰청 중수부에서 주는 상을 탔었다. 과장님은 당시 수사를 하며 나를 신뢰하게 되었고, 나도 과장님의 솔직담백한 자세에 매료되었다. 그런 인연과 그 후 내가 수사 분야에서 많은 실적을 낸 것을 고려해 법무부로 추천한 것 같았다.

그날은 토요일이었다. 그 주말부터 구정 연휴가 끝나는 날까지 기분이 좋았다. 집사람에게도 법무부 근무를 통보받은 사실을 말하지 않았다. 보안을 유지하라는 과장님의 약속을 지키고 있었다. 검사로 임관한 지 7년째가 되면 동기 중 1명이 법무부로 입성한다. 그 사람은 동기 중 제일 높은 서열이 되어 검사로서 출세가 보장된다. 법무부로 가게 된다는 이야기에 이제 더 이상 수사하지 않아도 되고 이변이 없는 한 앞으로의 검사생활에 어려움은 없겠다고 생각했다. 몸과 마음이 한결 가벼워진 느낌이었다. 그렇게 황홀한 기분으로 구정 연휴를 보내고 연휴 마지막 날 낮잠을 자고 있었다.

갑자기 집사람이 대검 차장님으로부터 전화가 왔다면서 수화기를 가져다주었다. 나하고는 일면식도 없었고 통화를 한 적도 없었기에 누군가가 장난치는 것으로 생각하고 전화를 받았다. 부속실 직원인 듯한 여직원이 대검 차장님이라면서 전화를 연결해 주었다. 수화기를 통하여 들려온 말은 청천벽력과 같았다. "이번 인사에 부산지검으로 가라. 부산지검을 희망하지 않으면 전국 청 어디로든 발령 내겠다. 30분 후에 다시 전화하겠다." 일방적으로 통보하고 전화를 끊었다.

잠을 자다 전화를 받아 약간 몽롱한 상태였는데 정신이 번쩍 들었다. 정신을 차리고 '이게 무슨 소리인가?' 하고 있는데 검찰국장으로부터 전화가 왔다. 검찰국장은 "갑자기 이번 인사부터 8년 차 검사가 법무부로 가는 것으로 제도가 바뀌었다"면서 부산으로 갈 것을 종용했다. 그동안 7년 차를 보내는 것이 관행이었는데 왜 느닷없이 8년 차를 보내기로 했는지 따져 묻자 "7년 차는 경험이 일천해 업무에 부적합하기 때문"이라고 답했다. 결국 1지망으로 쓴 법무부는 8년 차가 가는 것으로 제도가 바뀌어 대상이 아니고, 2지망한 서울지검은 초임 때 근무했던 곳이라 안 되고, 3지망에 쓴 수원지검은 동기 검사가 가기로 했으니 안 된다는 설명이 이어졌다.

"초임 시절 서울지검으로 간 것은 임관서열이 우수했기 때문이다. 연수원 성적으로 간 것이니 업무실적으로 가는 이번 인사와는 다르지 않냐"며 역차별이라고 항의했지만, 결정은 번복되지 않았다. 기업사냥꾼, 조직폭력배 등 굵직한 사건을 조사하며 검찰 내부의 비호세력과도 일절 타협하지 않았는데, 이것이 인사보복으로 나타났음을 직감했다.

순천지청, 광주지검에서 근무한 4년 동안 거의 매일 저녁 12시를 넘겨 새벽 1시가 다 되어서야 퇴근하고 9시 전에 출근했다. 물론 토요일도 일했다. '검사는 오전에 출근하고 오전에 퇴근한다. 검사 생활은 아침인가 하면 밤이고, 월요일인가 하면 주말이고, 봄인가 하면 겨울이다'는 말로 여유 없는 검사생활을 비유하기도 했었다.

'만인은 법 앞에 평등하다'는 법언을 실천하는 것이 정의다. 공정하고 공평한 사회를 위해 정의를 실천하고자 노력했고 검사의 본분을 매 순간 잊지 않았다. 힘들고 어려운 사건을 맡게 되었을 때마다 몸을 사리지 않고 밤낮없이 일에 몰두한 결과가 좌천인가 싶어 속상했다. 결국 서울동부지청으로 가는 것으로 정리되었지만 씁쓸했다.

첫 번째 사직 고민

　우여곡절 끝에 서울동부지청에 부임해 보니 조직폭력과 강력사건 전담이었다. 그런데 파견 형사도 없었고, 입회계장은 검사실 근무를 처음 하는 수사관이었다. 검사실도 여직원 휴게실을 개조한 것이었다. 배당된 사건은 거의 재산범죄로 다른 검사들을 거친 사건이 대부분이었다. 영장이 기각된 사건도 다수였다. 매일같이 직접 조사하면서 야근했다. 전담 관련 인지수사는 다른 검사들이 하고, 나는 전담과 무관한 재산범죄건을 처리하는 데 진이 빠졌다. 흥미도 없고 미래도 보이지 않았다. 나는 주어진 사건을 정리한 다음 판사로 전관하기로 결심했다.
　법원행정처로 전화해서 현직 검사라는 신분을 밝히고 전관절차를 알려 달라고 했다. 담당직원은 "먼저 사직하고 변호사를 하다 판사에 임용지원을 하면, 법무부에 의견을 조회하여 결정한다"고 알려 줬다.

법무부 등 검찰간부들로부터 미운털이 박혀 좌천당했는데, 전관을 위한 의견을 조회할 때 누가 호의적으로 의견을 내주겠나. 기대하기 어렵다는 판단이 들었다. 전관은 어렵다. 그렇다면 어떻게 할 것인가? 지금 있는 자리에서 다시 한번 열심히 일해서 대검 중수부로 파견을 가자는 결론에 이르렀다.

재기를 위한 몸부림

낮에는 배당된 사건을 처리하고, 밤에는 전담 관련 인지수사를 했다. 닥치는 대로 일했다. 그러던 중, '트로피'라는 게임기가 슬롯머신으로 둔갑하여 전국 호텔에서 유통되고 있다는 정보를 입수했다. 대대적인 수사로 제조자를 구속하고, 전국 청에 관할구역 내 슬롯머신 영업을 하는 호텔과 보유 대수를 알려 줘 수사할 수 있도록 지원했다. 또 문화관광부와 함께 전국 호텔에 있는 슬롯머신을 압수, 폐기했다.

그러다 대검중수부 연구관으로 여러 번 추천받았지만 윗선에서 번번이 막았다는 것을 알게 되었다. 정권이 바뀌었어도 학연에서 밀리는 데다, 과거 사정을 봐주지 않고 수사한 데 대한 앙갚음이 지속될 것임을 깨달았다. 당시 인사원칙상 서울에서 근무하면 다음번에는 지방으로 가야 했다. 한직으로 밀려날 것이 자명한 상황에서 대안을 강구해야 했다. 스트레스를 받으면서 버티느니 유학을 가서 환경을 바꾸고 충전의 기회로 삼는 것이 좋겠다는 결론을 내고 시험을 준비했다.

영어에 자신 없었던 나는 일본으로 유학을 가기로 결심하고 유학시험을 치를 때까지 공판부에서 근무하게 해 줄 것을 요청했다. 공판실장으로 합의부 1개 재판부를 담당하면서 월 약 500건의 약식사건을 처리했다. 출근하기 전에는 강남역에 있는 외국어 학원에서 일본어 강의를 듣고 바로 출근하는 수험생 같은 생활을 시작했다.

출근해서 근무시간 전까지 소파에 누워 잠시 쉬고 있으면 직원들이 출근하면서 아침을 굶고 온 나를 위해 떡 같은 가벼운 요깃거리를 가져오곤 했다. 다른 직원들도 출근하면 옆에 앉아 수다로 분위기를 띄웠다. 그때 함께해 주었던 실무관과 두 검사는 궂은일을 도맡아 처리해 줬고 많이 배려해 줬다. 이들과 보낸 짧은 시간은 정겹고 아름다운 추억으로 남아 있다. 이들 덕에 시험에 합격하고 형사부로 다시 복귀했다.

일본 유학생활

 2001년 3월, 일본으로 유학을 갔다. 몇 달 전 지인의 권유로 승마를 하다 말에서 떨어져 허리를 다친 상태로 혼자 외국생활을 하려니 쉽지 않았다. 여기에 심한 감기몸살까지 앓았다. 낯선 곳에서 언어도 제대로 통하지 않는데 몸까지 아프니 마음이 나약해졌다. 내가 유학하기로 한 곳은 게이오대학이다. 조선시대 갑신정변을 일으킨 김옥균이 정변에 실패한 후 피신했던 곳이다. 교정 한쪽에 정자 비슷한 구조물이 있고 거기에 오래된 나무 한 그루가 서 있는데, 표지판에 '김옥균이 자주 쉰 장소'라는 설명이 쓰여 있었다.
 나는 자주 그 나무 밑에 앉아서 쉬었다. 타지에서 온전히 홀로 있다 보니 살아온 날들이 주마등처럼 스쳐 갔다. 검사가 되기 전 힘들었던 삶의 궤적, 검사가 되어 열심히 일하며 냈던 성과들이 클로즈업되어 나타났다 사라졌다. 간부들의 부탁을 들어주지 않고, 오히려 내사한 죄로 인해 미운털이 박힌 상황을 피해 보려고 여기까지 와 있는 신세가 처량하게 느껴졌다. '돌아가면 상황이 나아질까?' 하는 회의감도 들었다.

시간이 지나자 건강도 회복되고, 일본 생활에 어느 정도 익숙해졌다. 게이오대학 법과대학 대학원 수업을 받기도 하고 혼자 연구실에서 독서하면서 지냈다. 일부러 한국 관련 뉴스를 일체 보지 않았다. 그러던 어느 날 함께 근무했던 모 부장님으로부터 전화가 왔다. 세상을 떠들썩하게 했던 거대한 비리사건이 터지며 이를 비호했던 세력들이 전부 사직했다는 뉴스를 알려 주었다. 나를 못마땅하게 생각했던 조직 내 세력이 사라진 것이다. 며칠 지나자 기자가 전화를 걸어 비호세력의 범죄사실을 확인했으나, 공소장과 판결문에 적힌 내용 이외에는 말할 수 없다며 거절했다.

• 게이오 대학에서 학생들과 기념촬영

· 일본 유학 중 일본 검사교육연수원(법무연수원) 수료식

대검중앙수사부 연구관으로 발령

    2002년 3월, 1년의 유학생활을 마치고 귀국해 동부지청으로 복귀했다. 9월 인사가 예정되어 있었으나 나를 추천하거나 챙겨 줄 사람이 없다는 사실에 우울하기만 했다. 그러던 어느 날 함께 근무하다 개업한 모 변호사가 놀러 왔다. 대화를 나누던 중 "대검찰청 중앙수사부로 가고 싶다"는 나에게 "인사권자에게 직접 전화 걸어서 요청해 봐라. 안 되면 마는 거지" 하고 조언했다. 농담처럼 건넨 말이지만 진지한 고민이 시작됐다.
    고민을 거듭한 끝에 직접 전화를 걸어 보기로 용기를 냈다. 대검찰청 중앙수사부장에게 전화해 "이번에 연구관으로 뽑아 주시면 절대로 실망시켜 드리지 않겠다"며 어렵게 이야기를 꺼냈는데 "알았다"라는 짧은 답변으로 통화가 끝났다. '알았다'는 말이 긍정적인가? 아니면 건방진 놈이라는 의중을 그렇게 표현하신 건가? 그 단어에 담긴 뉘앙스를 좀처럼 짐작할 수 없었다.

그때까지만 해도 중수부 연구관은 각 기수에서 1명밖에 갈 수 없었다. 보통 동기 중에서 특별수사를 제일 잘한다는 사람이 갔다. 기본적으로 실력이 있어야 하지만 실력 외에 여러 가지 조건도 맞아야 한다. 매우 어려운 자리이니만큼 누구나 한 번쯤 가 보고 싶어 하는 곳이다. 나 같은 흙수저는 언감생심인 자리다. 나를 아끼는 소속 부장님은 "대검찰청 모 간부님께 편지를 써 보라"고 권하셨다.

망설였으나 '어차피 전화까지 한 마당인데 뭔들 못 하겠나' 하는 생각이 들어 편지도 썼다. 얼마 지나 인사발표가 있었다. 대검중앙수사부 연구관으로 발령이 났다. '배경이 없다'는 것이 잘 알려진 사실이라 주위에서 많은 사람들이 놀라고 궁금해했다. 대검에 부임해 인사 가니 중앙수사부장이 "모두 중수부에 오려고 온갖 인맥을 동원하는데, 양 검사는 직접 전화해서 자신을 써 달라고 말해 감동했다. 앞으로 잘해" 하고 격려해 주었다.

대검중수부에 부임해 맡은 주요 사건은 서울지검 피의자 구타 사망 사건, 대구지하철 화재사건, 대북송금 사건, 16대 대선자금 수사 등이다. 검사로서 일복이 있었는지 사회적으로 화제가 되었던 굵직한 사건들을 많이 맡았다. 2002년 가을 늦은 휴가를 즐기고 있는데 전화가 왔다. 서울지검 강력부에서 조직폭력배를 수사하던 중 피의자가 사망했다며 빨리 와서 수사단에 합류하라는 지시였다.

바로 서울로 올라가 수사단에 합류했다. 피의자가 구타당한 강력부 조사실을 현장검증하며 보니 어디에 사용했던 것인지 몰라도 경찰봉이 있었다. 나는 진실을 밝히려 애썼으나 직원들은 "열심히 하다 일어난 사고인데 자신들의 입장을 전혀 이해해 주지 않는다"며 불만이 많앉다. 괴롭고 입장이 곤란했다. '남 일이 아니다'는 생각이 들었고 안타까웠다. 여러 명이 책임져야 했으나, 이 사건을 계기로 검찰수사에서 폭력, 폭언이 완전히 사라졌다.

대구지하철 화재사건

 2003년 2월 18일 오전 9시 53분경 대구 중구 남일동 소재 대구지하철 중앙로역 지하 3층 승강장에 정차한 전동차 안에서 한 사람이 휘발유가 들어 있는 플라스틱 통에 라이터로 불을 붙여 바닥에 던졌다. 이로 인해 191명이 사망하고 146명이 상해를 입은 사고가 발생했다. 대구지하철 화재사건이다.
 사고가 수습되던 중 문제가 발생했다. 사건 발생 하루 만인 2월 19일 대구지하철공사 시설사업소 직원 20여 명과 군인 200명이 사건 현장인 중앙로역 지하 3층의 승강장과 선로에 쌓여 있던 잔재물을 빗자루로 쓸어 모은 다음 삽으로 떠서 504개 마대에 담아 안심기지창에 야적해 버린 것이다.
 1주일이 지난 2월 25일, 유족들의 항의로 504개 마대 내 잔재물에서 피해자들의 유류품과 유골을 찾는 작업을 추진한 결과 팔목, 손목

등 신체 관련 조각 14점, 운전면허증, 주민등록증, 휴대폰 등 피해자의 신원을 확인할 수 있는 유류품 147점이 발견되었다.

대구지하철참사 시민사회단체대책위원회는 대구시장과 대구지하철공사 사장을 고발했고, 유족들은 대검에서 직접 수사해 줄 것을 요청했다. 대검찰청은 3월 19일 법무부장관의 특별지시에 따라 '대구지하철화재사건 특별수사본부'를 구성했다. 곽○○ 강력부장, 김○○ 강력과장, 박○○ 검사와 함께 수사단원이 되어 대구지검에서 수사를 시작했다.

수사 결과 대구시장이 19일부터 지하철 구간운행 재개를 결정하고 불에 탄 전동차들을 다른 곳으로 옮기자는 의견을 제시했다. 대구지하철공사 사장은 전동차들이 옮겨지면 곧바로 중앙로역 지하 3층 승강장과 선로의 잔재물을 수거하여 버리기로 했다. 대구시장으로부터 "군에서 병력을 지원하여 준다고 하니 모 여단장과 상의하여 처리하라"는 말을 듣고 19일 오전 군 병력을 지원받아 현장의 잔재물 청소작업을 지시했다.

작업 중 대구지하철공사 사장과 대구시장이 유족들로부터 청소작업 중단을 요청받고도 중단시키지 않았음이 확인되었다. 죄가 되려면, 현장에 사고 관련 증거물이 현존한다는 사실을 알았거나 최소한 알 수 있었음에도 이를 무시하고 청소했다는 점이 인정되어야 했다. 여러 정황상 이 점이 인정된다고 판단하여 대구지하철공사 사장과 시설부장에 대해 구속영장을 청구했다. 시설부장은 영장이 발부되었는데, 사장은 기각되었다.

사장에 대해 보강수사를 했는데 "괴로우니 빨리 교도소로 보내 달라"고 했다. 반성해서 하는 이야기가 아니라 나를 놀리는 것으로 들렸다. 연거푸 3번 영장을 청구하였으나 전부 기각되었다. 동일한 사람을 동일한 범죄사실로 3번 구속영장을 청구한 적도, 그것이 전부 기각된 적도 없었다. 이러다가 내가 이성을 잃을 것 같았다.

영장기각 경위 보고서를 작성해 총장에게 보고 드렸다. 총장은 수사단 의견을 물었다. 내가 "한 번 더 청구하겠다"고 하자 총장은 "발부가능성이 있냐?"고 질문했고, 나는 답변을 머뭇거렸다. 총장은 "그만하라"고 지시했다. 이 사건은 지하철공사 사장을 구속하고 대구시장까지 기소하는 것을 목표로 했으나, 영장이 기각되는 바람에 지하철공사 사장과 간부만 기소하고 끝냈다.

지하철공사 사장과 간부를 증거인멸죄로 기소한 후 직접 재판에 관여했다. 1심 재판 때 대구지법 대법정은 발 디딜 틈이 없이 유족들로 가득 찼다. 법정에는 긴장감이 감돌았다. 피고인들이 법정에 나타나자 유족들은 웅성거리기 시작했다. 재판장의 제지도 아무런 효과가 없었다. 내가 조용히 할 것을 요구하자 유족들은 조용해졌다. 그때까지는 나를 신뢰하였던 것이다.

재판 결과는 지하철공사 사장이 법정 구속되고 시설부장은 무죄 판결이 선고되었다. 2심에서도 지하철공사 사장에 대해 유죄가 선고되었다. 피고인들은 대법원에 상고했다. 대법원에서는 '피고인들이 잔재물 속에 사건 관련 증거물이 있을 것이라고 인식했다고 볼 수 없다'는 이유로 즉, 무죄취지로 대구지법 항소심에 파기 환송했다. 다시 대구지법 재판에도 관여했으나, 전원 무죄가 선고되었다. 유족들은 동요했다. 판사뿐만 아니라 검사인 나에게도 불만의 소리가 터져 나왔다. 유족들의 심정은 충분히 이해가 갔다.

영장기각 후 보강수사 과정에서 대구시장을 여러 번 조사했다. 유족들은 피해자들이 죽어 가면서 보내온 애끊는 사연을 진술하면서 울었다. 나도 울었다. 그러나 대구시장은 감정 동요가 전혀 없었다. 그래서 나는 조서에 다음과 같이 기재하고 휴식을 취하기도 했다. "유족들이 울고, 검사도 울었다. 그러나 피의자만은 울지 않는다. 울음 때문에 더 이상 진행할 수 없어 조사를 잠시 중단한다."

대구에서의 기억이 모두 씁쓸했던 것만은 아니다. 대구지검에 갔을 때 모 공안계장이 인사 왔다. 내가 맹호부대에서 중대장을 할 때 중대원이었다. 참으로 반가웠다. 뉴스를 통해 내가 대구에 온 것을 알고, 옛날 군대 시절 중대원들이 찾아와 소주잔을 기울이며 추억을 나누기도 했다.

· 법무부장관의 지시에 따라 대구지하철화재사건 특별수사본부가 꾸려졌다. 나는 수사단원이 되어 대구지검에서 수사를 시작했다.

불법대선자금 사건 수사

 2002년 16대 대선자금 수사를 시작할 때 언론은 중수부가 엄청난 정보를 가지고 있는 것처럼 보도했으나, 실상은 대기업들이 각 정당에 대선자금을 얼마나 줬는지 구체적인 정보가 없었다. 중수부장은 각 과에 수사대상 기업을 배당했다. 정보를 찾아서 결과를 내라는 취지였다.
 내가 속한 중수2과는 유○○ 과장과 나를 포함한 몇 명의 연구관으로 구성되었고, 나에게 배당된 임무는 모 기업으로부터 대선자금을 제공받았다는 사실을 밝혀내는 일이었다. 중수2과가 가지고 있는 정보는 A카드가 리베이트를 받았다는 것뿐이었다. 우리는 정보를 파악하는 과정에서 어렵게 B자동차회사의 비리를 알아냈다. 회장이 해외회사를 이용하여 자금을 빼돌린 혐의였다. 이 혐의만 입증한다면 회장을 구속할 수 있었는데, 그는 구속을 면하기 위해 대선자금 제공사실을 진술할 것으로 보였다. 공인회계사 출신의 후배 검사, 역외펀드 관련 전문 검사들과 어떻게 혐의를 입증할 것인지 도상연습을 했다. 그러나 정보만 가지고 압수수색 영장을 청구할 수 없어 고민하고 있었다.

이때 유 과장이 A카드 리베이트 건으로 해당 카드사를 압수수색해 보자고 했다. 영장을 발부받아 직접 수사관들을 인솔하고 갔다. 회사의 보안시스템이 워낙 잘되어 있어 우리 마음대로 회사에 들어갈 수 없었다. 회사의 협조를 얻어 수사관들이 기 편성된 조별로 각 층에서 압수수색을 시작했고, 나는 혼자 회장실로 갔다.

회장실에 도착해 접견실에서 탁자를 사이에 두고 차를 마시면서 수사관이 도착하기를 기다렸다. 회장은 매우 불안해 보였고, 자신의 집무실을 계속 바라봤다. 여차하면 집무실로 들어가려고 하는 것처럼 보였다. 집무실은 압수수색 대상 장소. 의례적인 이야기를 계속하며 회장을 묶어 두면서 수사관이 빨리 도착하기를 기다렸다. 파견 경찰관이 도착해 회장실을 압수수색했다. 카드모집 관련 리베이트 혐의로 압수수색을 했기 때문에 회장실은 그다지 중요하지 않아 파견 경찰관 1명만 왔다.

잠시 후 경찰관이 회장 책상 밑에 놓여 있던 007가방에서 서류철을 가지고 나와 보여 줬다. 서류철 발견 장소에 비춰 볼 때 중요한 서류라고 판단했기 때문이다. 서류를 본 순간 흥분했다. 정보원으로부터 들었던 B자동차 해외비자금 조성과 관련된 대응방안이 기재되어 있었다. 입수한 정보가 어떤 죄에 해당하는지, 그에 대한 변명은 어떻게 할 것인지, 변명의 문제점은 무엇인지 등 내용이 아주 구체적이었다. 또한 내가 그 사건 담당이라는 내용도 기재되어 있었다. 수사 보안이 누설된 느낌을 받았지만 '더 이상 압수수색할 필요도 없고 게임은 끝났다'는 생각이 들었다. 수사팀을 인솔하여 사무실로 돌아와 후배 검사들과 서류를 검토했다. 지피지기면 백전백승 아닌가?

A카드사 사장을 먼저 조사했다. 그는 내가 입수한 정보와 관련해 아는 것이 없었다. 이번에는 카드사 회장을 소환해 강도 높은 조사를 했다. 압수한 대응 문건을 근거로 추궁하여 비자금 조성 관련 일체의 자백을 받았다. 이 사건으로 결국 B자동차가 정치권에 대선자금을 불법 지원한 사실을 밝혀냈다. 수사과정에서 수많은 정치인들과 기업의 총수들을 조사했다.

조사하며 이들의 뛰어난 언변에 감탄하기도 하고, 독함에 놀라기도 했다. 솔직담백한 사람도 있었고, 수사 내용에 대해서는 절대로 말하지 않지만 그 밖의 이야기는 노련하게 풀어내는 정치인도 있었다. 변호사가 오면 접견실에서 말없이 바둑만 두다 헤어지는 의원도 있었고, 사적으로 모금에 관여한 한 법조계 출신은 자신이 가진 법 지식을 이용해 묵비권을 행사하기도 했다. 이들은 법을 위반해 수사받고 있지만, 나름 장점들이 있었다. '장점 때문에 그 자리까지 왔구나' 하는 생각도 들었다.

'차떼기'로 알려졌던 16대 대선자금 사건은 2004년 이회창 전 한나라당 총재에 대해 불입건 조치하고 국회의원 등 정치인 30여 명과 기업인 20여 명을 기소하는 것으로 수사가 마무리되었다. 기상천외한 '차떼기'라는 방법으로 대선자금을 조달했던 이 사건은 20년이 지난 지금까지도 회자되고 있다.

살인죄 피고인의 검사실 방문

검사생활을 하는 동안 범죄사실이 분명한데도 자신의 죄를 인정하지 않는 범죄자도 있었고 억울함을 주장하는 피의자도 있었다. 이들 중 일부는 저주하는 내용을 담은 편지를 보내기도 하고 느닷없이 찾아오기도 했다. 2005년 3월 부부장이 되어 광주지검 형사부에서 근무하고 있을 때의 일이다. 어느 날 여직원이 "A씨가 통화를 원한다"면서 연결해도 좋을지 물었다. 그 이름이 ○○지청에서 근무할 때 기소했던 살인범 이름과 같아서 "이유를 확인하라"고 했다.

그러나 "꼭 통화하고 싶다"고 하여 전화를 받았다. "저는 A입니다. 방금 교도소에서 석방되었습니다. 교도소 앞에서 전화합니다. 내일 오전 검사실로 찾아뵙고 싶습니다"라고 했다. 순간 검사실 방문을 승낙해야 되는지 망설였다. 방문 목적이 뻔했지만, '오지 말라'고 거절하기에는 좀 비겁한 느낌이 들었다. 나는 오라고 했다.

검사실 직원들에게 A에 대한 공소사실, 방문 목적 등을 설명하고 "조사실에서 그 사람을 만날 것인데, 조사실을 비우지 말고 자리에 있어 달라"고 당부했다. 만약의 경우를 대비해 수사관들이 조사실에 있도록 한 것이다. 다음 날 오전 A가 왔다. 10년 만에 보는 얼굴이지만 바로 알아볼 수 있었다. 그가 들어오자 무술 유단자였던 김○○ 계장이 앞을 가로막고 "죄송합니다. 검사실을 방문한 사람은 모두 몸을 수색하도록 되어 있습니다"라며 몸을 수색했다.

A는 내 앞에 앉았다. "검사님. 그동안 잘 계셨습니까? 얼굴이 좋으십니다. 저는 10년 동안 교도소에 있으면서 한 번도 검사님을 잊은 적이 없습니다. 검사님이 인사이동으로 근무지를 옮긴 것도 관심 있게 지켜봤습니다"라고 말했다. 기분이 썩 좋지 않았다. 찾아온 용무를 물었다. 그는 "억울합니다. 저는 죄인이 아닙니다. 경찰에서 수사를 잘못했고 검사님은 그것을 그대로 믿었습니다. 교도소에서 여러 번 재심을 청구했지만 받아들여지지 않았습니다. 수사가 잘못되었다는 취지의 확인서를 써 주십시오. 재심을 청구하겠습니다" 하고 주장했다.

억장이 무너졌다. 10여 년 전 그 사건 때문에 고생했던 일이 생각났다. 최선을 다해 수사해 기소했다. 대법원에서 유죄 판결이 선고되었고, 재심도 기각되었다. 그런데도 억울하다니 참으로 기가 막혔다. 나는 "수사에 잘못된 점은 없다. 확인서를 작성해 줄 수 없다. 당신이 범인이라는 점에 의심이 없다"고 단호하게 말했다. 같은 말을 서로 여러 번 반복하며 실랑이하자 대화를 듣고 있던 김 계장이 "하시고 싶은 말씀을 다 하신 것 같은데 이제 가십시오"라면서 A를 검사실에서 내보냈다. 그날도 구내식당에서 저녁을 먹고 야근했는데, 낮에 있었던 일로 업무가 집중되지 않았다. 책상에서 일어나 창밖을 내다봤다. 창을 통해 비치는 광주 시내 모습은 아름다웠다. 하지만 내 마음은 어지러웠다.

대검에서 근무할 때 받았던 저주 편지에 대한 기억도 떠오르며 마음이 괴로웠다. '나는 왜 검사가 되었는가? 왜 이렇게 험한 사건들만 맡았는가? 누가 괴로운 내 마음을 알아주나? 몸 바쳐 일한 결과가 원망과 저주뿐이라니, 이것이 수사검사의 운명이란 말인가?' 이런 자문이 계속되었다.

그 주 일요일 교회에 가서 하나님께 기도했다. "인간인 제가 증거와 경험, 법리에 비춰 보면 A는 살인범이 확실합니다. 그러나 절대자인 하나님 입장에서 보았을 때 혹여 A가 죄를 지었는지 여부와 상관없이 억울한 점이 있다면 그를 축복해 주십시오"라고 간절히 기도했다. 그 후에도 생각날 때마다 기도했다. 기도는 괴로운 나의 마음을 누그러뜨렸다.

몇 개월이 지났다. A가 다시 나를 찾아왔다. 자신이 장기간 옥살이를 하는 과정에서 자신이 운영하는 과수원 진입로를 다른 사람들이 불법 점유하는 등 문제기 있어 ○○시청에 고소했는데 해결이 안 되니 좀 도와 달라는 것이었다. ○○지청에 전화하여 "억울함이 없도록 해 달라"고 부탁했다. 그가 남은 여생을 더 이상 법적 문제를 일으키지 않고 평안하게 살기를 기도했다.

뇌물공여 의사표시의 상대방이 됨

 2006년 전주지검에서 형사3부장으로 근무했다. 특별수사, 강력 전담이었다. 지방자치단체장의 수뢰사건을 수사하던 중이었다. 평소 존경하던 간부로부터 전화가 왔다. 모 위원회에서 활동하는 A가 인사하러 간다는데 만나면 친절하게 잘해 주라는 내용이었다. 해당 위원회에 속한 위원들이 검사실에 방문해 담소도 나누고 차도 마시던 시절이라 흔쾌히 알겠다고 대답했다.
 A는 오기로 약속한 날 오지 않고 전화를 걸어 왔다. 주말에 광주에 가는데 광주에서 보자는 것이었다. 특별한 일이 없는 한 주말이면 항상 광주에 갔기 때문에 별생각 없이 그렇게 하자고 했다. 당시 자가운전을 시작한 지 얼마 되지 않을 때라 운전이 서툴렀다. 때문에 광주에 갈 때면 같이 근무하던 절친인 위○○ 검사직무대리가 광주농산물도매센터까지 내 차를 운전했다. 그곳에서 위 검사직무대리는 아내의 차

로 갈아타고 가고, 나는 약 10분 거리인 문흥동 집까지 운전해서 가곤 했다.

여름이었다. 금요일 일과를 마치고 여느 때와 마찬가지로 위 검사직무대리와 전주지검을 출발했다. 광주 농산물도매센터에 도착했는데, 차가 정차하자마자 자신이 A라는 사람이 갑자기 나타나 인사했다. 나는 위 검사직무대리에게도 인사를 시키며 나를 만나려고 하는 이유를 물었다. 그는 "오늘 광주에서 자고 다음 날 등산하려고 한다"면서 "저녁식사를 함께 하고 싶다"고 했다.

등산복 차림에 배낭까지 메고 있어 A의 계획에 의문을 갖지 않았다. 대수롭지 않게 "초면에 식사는 무리고 커피숍에서 차나 한잔 하자"며 "내 차를 따라와라" 하고 앞장섰다. 운전이 서투르니 집에 주차를 하고 아파트 주변 커피숍으로 가자고 했다. 아파트에 도착해 주차한 다음 커피숍을 향해 가던 중, 갑자기 커피숍으로 가는 것이 왠지 소개한 간부에 대한 예의가 아닐 것 같다는 생각이 들었다. 가다 말고 "우리 집으로 가자"고 초대해서 차를 한잔 대접했다. 그는 차를 마시면서 자신이 하는 일, 살아온 경력 등 소소한 일들을 이야기했다.

그러다가 사신이 모 자치단체장 인척이라고 소개하며, 현재 수사 중인 사건은 음모로 단체장이 억울해한다고 했다. 불쾌했다. "그런 이야기를 하기 위해 나를 만나면 안 된다"고 말하며 "그만 가시라"고 했다. 그는 "죄송하다"면서 일어났다.

현관에서 배웅하는 순간, 배낭을 메고 들어왔던 그의 몸에 배낭이 없는 것을 확인했다. 앉아 있던 거실 소파를 보니 배낭이 놓여 있었다. 배낭을 가져다주자 그는 특산물인 지역 술이 들어 있으니 받아 달라고 했다. 나는 받을 수 없다면서 억지로 배낭을 메어 주고 엘리베이터를 태워 보냈다. 배낭을 들었을 때 좀 무게가 나갔기 때문에 돈이 있을 것 같다는 느낌을 받았다.

그가 엘리베이터를 타기 전에 배낭을 발견하고 전달해 준 것이 천만다행이라는 생각이 들었다. 월요일 출근길, 농산물도매센터에서 위 검사직무대리를 만나 전주로 향했다. 차 안에서 금요일 저녁에 있었던 일을 설명했다. 나중에 혹시라도 그가 나에게 배낭을 전달했다고 주장하면 증언해 달라고 했다.

그로부터 2년이 지나 광주지검에서 형사3부장을 할 때였다. 어느 날 전주지검 모 부장이 전화로 2년 전 A를 만난 적이 있는지 물었다. 나는 만났다고 사실대로 이야기했다. 무슨 일 때문에 전화를 걸었는지 확인해 보니, 뇌물죄로 수사와 재판을 받게 된 단체장이 A를 통해 관계요로에 로비를 부탁했다는 것이었다. 그럼에도 불구하고 대법원에서 유죄확정 판결이 선고되자, 해당 단체장은 A에게 경비조로 준 돈의 반환을 요구했다. A가 이를 거절하자 검찰에 제보해 A에 대한 수사가 개시된 것이다.

단체장은 당시 A에게 부탁하면서 심복인 군청 직원을 동행시켰다. 나를 만나러 오던 날도 그 직원이 운전해 함께 왔고 A가 우리 집에 머물 때 주차장에서 대기하고 있었다. A에 대한 수사에서 A는 범행일체를 부인하였다. 그는 나를 만난 사실조차 부인했으나 동행한 군청 직원이 나를 만났다는 사실을 검찰에 진술했다.

나는 검찰간부의 소개로 만났으며, 단체장의 사건을 부탁했으나 거절했다는 사실, 헤어질 때 돈을 넣은 것으로 여겨지는 배낭을 놓고 나가려다 실패한 사실을 말했다. 부장은 "동행한 군청 직원도 A가 집에서 나올 때 배낭을 그대로 메고 나왔다고 했습니다. 걱정하지 마십시오"라고 했다.

내가 배낭을 즉시 발견하지 못하고 그가 집을 나간 후에 돌려줬다면, 동행한 군청 직원은 "A가 집에 들어갈 때는 돈이 든 배낭을 메고 갔는데 나올 때는 배낭이 없었다"고 진술했을 것이다. 내가 돌려줬다고 설명하고 그가 돌려받았다고 진술을 한들 의심은 남게 되는 상황이었다. 지금 생각해도 등골이 오싹하다. 배낭을 즉시 발견하도록 해 주신 하나님께 감사했다. 그는 나에 대한 뇌물공여 의사표시로 처벌받았다.

해남군수 구속

2007년 2월 해남지청장으로 발령이 났다. 그런데 부임하기 전부터 군수가 인사, 공사 관련 금품을 받는데 정도가 심하다는 제보가 들어왔다. 그 제보를 토대로 기초자료를 수집하여 내사기록을 만들어 부임했다. 당시 해남지청에는 검사가 2명 있었다. 수석인 송○○ 검사에게 해남군수에 대한 비위를 설명하면서 향후 2개월 내에 구속해 도덕적 해이에 대한 경종을 울려야 한다고 강조했다. 송 검사도 동의했다. 매우 정치적인 사안이기 때문에 만약 이 일을 맡기 부담스럽다면 직접 하겠다고 했으나, 송 검사는 당연히 자신이 할 일이라고 해서 가지고 온 내사기록을 인계했다.

송 검사는 능력이 탁월했다. 2개월 만에 해남군수를 직원 인사, 관급공사 관련해 금품을 받은 혐의로 구속했다. 수사과정에서 군수가 선거 관련 기부행위를 한 사실도 확인됐다. 받은 자들은 모두 해남 군민들이었다. 과태료 50배를 내야 했다. 아무것도 모르는 군민들을 어떻게 할 것인지 갈등이 됐다. 대검 공안부, 선배들과 수없이 논쟁했다. 검찰입장에서는 선관위에 통보하지 않을 수 없었다. 과태료 부과 여부는 법원과 선관위에서 결정할 문제라는 결론을 내렸다.

선관위에 기부받은 군민들 수십 명을 통보했다. 법원에서는 일부 사람에만 과태료를 부과하였다. 당시 6급에서 사무관 승진하는 데 수천만 원 단위의 돈이 필요하다는 사실이 공공연했다. 군수에게 승진 관련 뇌물을 주려다 실패한 사람들도 여러 명이었다. 그들을 전부 기소유예 처분하였고, 전남도에는 '자치단체장의 공정하지 못한 인사권 행사로 인해 발생한 일로, 이득을 얻은 바 없어 기소유예 처분한 점을 참작하여 징계양정 시 관대한 처분이 필요하다'고 설명했다.

부군수가 군수 권한대행을 하며 인사권을 행사하였는데, 원칙대로 실적과 능력에 따라 인사를 단행했다. 그는 '당연히 승진해야 할 능력 있는 직원이 있었는데 승진을 못 하자 주변 동료들이 군수에게 로비를 하라고 했다. 그러나 하나님을 믿는 신앙인으로서 할 수 없다고 하면서 하지 않았다가 이번에 군수가 구속되면서 원칙적인 인사 단행으로 승진했다'는 뒷이야기를 전해 주었다.

군에서는 보궐선거가 실시됐다. 군청에서 과장을 했던 공무원 출신이 당선됐다. 그가 지청장실로 인사를 왔다. 나는 그에게 당선을 축하하면서 재직 중 직무와 관련된 금품을 받아서는 안 된다는 점을 강조하였다. 그도 "전임군수가 수뢰로 구속되어 실시된 보궐선거에서 당선되었는데 어떻게 금품을 받겠냐"면서 "깨끗한 군정을 펼치겠다"고 다짐했다.

그런데 몇 년 후 중앙지검으로 올라가 특수부장을 할 때 그는 서울 경찰청에 뇌물죄로 구속되어 우리 부로 송치되었다. 그를 부장실로 불러서 차를 한 잔 주었다. 할 말이 없었다. 자치단체장들이 얼마나 뇌물에 취약한 환경에 노출되어 있는지 여실히 보여 주는 사건이었다.

· 해남지청장 근무 시 청소년을 위한 특별강연에 나선 모습(위), 보길도 방문 당시 지역 유지분들과 함께 선착장에서 함께 기념촬영을 했다(아래).

곡절 많은 검사 생활

보길도 방문

완도는 나에게 남다른 의미가 있는 지역이다. 군에서 제대하고 보길도에서 고시 공부를 했기 때문이다. 1987년 보길도에 들어가 공부한 지 20년 만에 관내 지청장이 되어 부임했다. 나는 관내 첫 방문지로 보길도를 선택했다. 완도지구 법사랑회장인 박○○ 회장님에게 공부했던 집이 지금도 있는지 알아봐 달라고 부탁했다.

확인해 보니 집은 그대로 있는데, 아무도 살고 있지 않다고 했다. 개인 자격으로 보길도를 방문하고 싶다고 하자 박 회장님도 동행하기로 했다. 여름 완도항에서 보길도행 페리를 탔다. 20년 전에도 이 페리를 타고 보길도에 들어갔다. 그때는 미래가 불투명한 상태였는데 지금은 지청장이 되어 방문하니 감개무량했다.

20년 전에는 노화도까지만 페리가 운항했다. 노화도에서 다시 조그마한 배를 타야 보길도에 갈 수 있었는데 세상이 좋아지며 페리가 바로 보길도까지 갔다. 배 안에서 나는 여러 가지 생각에 잠겼다. 지난 20여 년 전 고시 공부하던 시절이 주마등처럼 스쳐 지나갔다.

공부하다 지치면 걸었던 오솔길, 뼛속까지 외로움이 사무쳤던 뱃고동 소리, 뒷산 정상에 올라 끝없이 펼쳐진 바다를 보면서 합격에 대한 의지를 다졌던 일, 아파서 한 달에 한 번씩 갔던 병원, 장독대 배나무에 앉아 할머니가 장에서 돌아오시는 것을 기다렸던 일, 봄이면 지천으로 피었던 유채꽃, 진달래꽃 등등 나도 모르게 눈시울이 뜨거워졌다.

과거를 반추하는 사이 배는 어느덧 보길도에 도착했다. 배에서 보니 많은 사람들이 선창가에 서 있었다. 무심코 배에서 내렸더니 선창가에 서 있던 많은 사람들이 나에게 박수를 보냈다. 박 회장님이 나와의 약속을 깨고 보길도에 살고 있는 법사랑위원들에게 연락하고, 위원들은 보길도 유지분들에게 지청장 방문을 알렸던 것이다.

20년 전 내가 다녔던 선창가 식당에서 환영 나오신 분들과 함께 오찬을 했다. 공부하던 시절 뵙던 분들도 있었다. 나도 반가웠지만 그분들도 무척 반가워했다. 당연히 공부했던 추억이 화제가 되었고, 나는 추억에 취하고 환영 나온 분들이 주신 축하주에 흠뻑 취했다.

오찬을 마치고 식당에서 도보로 약 15분 정도 되는 거리에 있는 집을 향해 갔다. 가는 길에 있는 보길중학교, 면사무소, 보건소, 어느 부잣집, 열녀 비석 등 모두 다 눈에 익은 모습이었다. 내가 공부하였던 집은 보길도 부황리 마을 입구에서 좀 떨어져 있었고, 집 뒤에 바로 산이 인접해 있었다. 안채와 사랑채가 있었는데 나는 사랑채에서 공부했었다.

할아버지와 할머니 두 분만 사셨고, 선창가 부근에 살던 딸이 간혹 친정에 찾아오곤 했다. 당시 동네에서 나는 '큰 공부하는 총각'이라고 알려져 있었다. 집에 도착하기 전 우물가를 지나는데, 우물가 옆집에 사셨던 할머니는 20년이 지났어도 나를 기억하셨다. 나를 안고 기뻐서 어쩔 줄 몰라 하셨다.

드디어 공부하던 집에 도착했다. 사랑채는 내려 앉아 방에 들어갈 수 없었다. 한참 동안 멍하니 쳐다보았다. 내 젊은 날의 모습이 지나갔다. 군복 차림으로 조그만 책상 앞에 앉아 혼자 공부하다 지치면 뒷산에 올라갔던 내 모습이 새록새록 떠올랐다. 뱃고동 소리가 들리면 만나러 올 사람이 아무도 없건만 산 정상에 올라가 선창가를 한없이 바라보았던 기억들이 생생했다.

마당에는 잡초가 무성했다. 관리가 안 된 집은 주인이 세상을 떠난 지 오래라는 사실을 알려 주었다. 멀리 바다가 보이는 것은 20년 전과 다름없었지만, 나를 반겨 주었던 노부부는 세상에 없었다. 장독대 배나무에 앉으니 할머니, 할아버지가 노화도에서 장을 보고 돌아오는 모습이 눈에 선했다. 눈시울이 뜨거워졌다.

박 회장님은 내 심정을 눈치 챈 듯 분위기를 바꾸려고 기념사진을 찍자고 했다. 몇 컷 기념사진을 찍고 나서 할아버지와 할머니의 묘소를 찾았다. 나에게 참 잘해 주셨는데 너무 늦게 찾아온 것 같아 죄송했다. 마음의 고향, 보길도 방문은 이렇게 아쉬운 마음을 안고 끝났다.

인사비보

　2008년 3월 광주지검 형사3부장으로 인사명령을 받았다. 24대 해남지청장이었는데, 선임 지청장 대부분은 대검, 법무부, 서울중앙지검의 주요 보직으로 영전했다. 나도 동기 중 최초로 대검찰청 중앙수사부 연구관으로 근무하였고, 지청장으로 근무하는 동안 동일 그룹 청에서 우수한 실적을 거양했으며, 공적이든 사적이든 문제되는 점이 없었기 때문에 당연히 영전할 것으로 기대했다. 나는 우리 기수가 갈 수 있는 자리인 대검찰청 수사지원과장을 지원했는데, 그 자리는 동기생 중 한 명이 가고 나는 광주지검 형사3부장으로 인사가 났다. 아무리 이해하려고 해도 수긍할 수 없었다.
　'이명박 정부가 출범하면서 나를 호남정권에서 덕을 본 검사로 분류한 것인가?' 하는 생각이 들었다. 하지만 이 점도 수긍할 수 없었다. 김대중, 노무현 정권하에서 호남 출신이 대거 약진한 것은 사실이다. 그러나 호남 출신으로 덕을 보려면 최소한 광주일고, 광고, 전주고, 목포고를 나와서 서울 유수 대학을 졸업해야 가능했다. 담양공고에 전남대를 졸업한 나는 이른바 호남인맥에서도 철저히 소외되고 있었다.

인사를 보니 호남정권에서 잘나가던 명문고, 명문대 출신 호남 검사들은 역시 좋은 보직을 받았다. 학연 등 여러 인맥을 동원하여 지역의 장애를 뛰어넘은 것이다. 체제가 바뀌어도 힘 있는 자들은 어떻게든 살아남는다. 하지만 힘없는 민초는 바람 부는 대로 휩쓸리다 밟히게 된다. 분통이 터졌다. '검사를 그만두더라도 인사 기준이나 이유라도 알아야겠다'는 생각에 검찰국장에게 전화했다. 연결되지 않았다. 다시 검찰과장에게 전화했으나 역시 연결되지 않았다.

잠시 마음을 가라앉히며 사무실 창 너머 밖을 쳐다보았다. 넓은 들판이 눈에 들어왔다. '나의 근본은 무엇인가? 저런 들판에서 지게 지고 낫질하고 김매던 빈농의 아들 아니던가? 어린 시절부터 군 입대 전까지 나 역시 농사일을 하던 놈 아니었나? 그런 놈이 지청장까지 했으면 됐지' 하는 생각이 들면서 현실을 받아들이자고 마음속으로 결심했다. 나는 이임식에서 당시 내 심정을 담아 평소 좋아하던 다산 정약용의 〈새벽에 앉아서(曉坐)〉를 낭독했다.

"이지러진 달 새벽녘 돌아 나오니
맑은 빛 능히 얼마나 가리.
겨우겨우 작은 뫼를 기어올라와
넓은 강을 건너갈 힘이 없구나.
세상은 단잠에 빠져 있건만
외로운 나그네만 혼자 깨어 노래하네."

그리고 평소 좋아하던 노래 12곡을 색소폰으로 직접 연주, 녹음한 음반을 법사랑연합회 임원들과 청 간부들에게 선물했다.

두 번째 사직 결정 및 번복

2008년 3월 광주지검 형사부장으로 부임하였다. 얼마 전까지 해남지청장 신분으로 올 때는 직원이 운전하는 관용차를 타고 왔는데, 부임 첫날 서투른 운전 솜씨로 차를 몰고 출근했다. 운전이 능숙하지 못해 뒤에서 빵빵거렸다. 출근해도 일이 손에 잡히지 않았다. 서서 창문 너머 무등산만 쳐다보게 되었다. 우울하기만 했다. 이렇게 검사 생활을 연상하는 것이 무슨 의미가 있을까? 냉철하게 생각해 봤다. 아무런 의미가 없다는 결론이 났다. 초년 검사 시절, 모 부장 검사가 나에게 "뒷배경이 있냐?"고 묻기에 없다고 했더니 "배경도 없이 검사를 어떻게 하려고 하느냐"고 했던 말이 실감 났다.

'그만 두자.' 서울동부지청에 이어 두 번째로 사직을 결정했다. 그런데 막상 사직하려고 하니 부원들이 마음에 걸렸다. 검사와 수사관 모두 탁월했다. 출세 여부를 떠나 이들과 함께 검사로서 마지막 투혼을 불사르고 싶다는 생각이 마음 한 곳에서 일어나고 있었다. 사직하려는 마음, 보직과 상관없이 부원들과 함께 검사로서 최선을 다하고 싶다는 마음, 이렇게 상반된 두 마음으로 결론을 내리지 못한 채 매일 내적갈등을 겪고 있었다.

그러던 어느 날 황○○ 검사장이 나를 불렀다. 검사장은 나에게 "양 부장. 이번 인사 잘못됐지?"라며 이야기를 꺼냈다. 마음속으로는 "네. 이번 인사는 공정하지 않습니다"라고 대답하고 싶었지만, 차마 그렇게 말할 수 없어서 잠자코 있었다. 그러자 "양 부장같이 능력이 탁월한 사람을 여기에 보낸 것 자체가 잘못된 인사야"라며 위로해 주었다. 나는 그 말 한마디를 듣고 사직하지 않기로 결심했다. 상사가 나를 인정하고 부원들이 훌륭하니 출세 여부와 상관없이 마지막으로 최선을 다해 보자고 마음을 굳혔다.

마음을 바꾸고 업무에 정진하기 시작했다. 형사부 검사들은 경찰에서 송치된 사건을 처리하기에도 늘 시간이 부족하기 때문에 전담과 관련된 기획수사, 연구 등을 하기 어려운 여건이다. 일단 필요 불가결한 경우가 아니면 부 회의를 열지 않고, 전달사항은 메신저나 점심을 먹으며 전달했다. 오탈자를 비롯해 구형이 적절치 않으면 전화로 상의하여 수정하는 등 결재반려로 인한 시간낭비를 줄였다. 검사들이 수사에 집중할 수 있는 여건을 조성하기 위해 노력했다.

이뿐만 아니라 능력계발을 위해 1주일에 한 번은 점심 때 영어로 대화하였고, 1주일 한 번 정도 일과 후에 회계학 스터디도 했다. 또 형사부 실적판단의 인자가 되는 통계는 언급하지도 않고 실적을 내라고 요구하지도 않았다.

부를 운영하면서 가장 우선적으로 생각한 것은 크게 두 가지였다. 첫째, 검사들에게 수사에 집중할 수 있는 시간을 확보해 주는 것이었다. 둘째, 능력을 계발할 수 있는 분위기를 조성하고 자율에 맡긴다는 것이었다. 함께했던 검사들은 탁월했다. 내 업무지침에 호응하여 사건을 신속·정확하게 처리하고, 여력이 있으면 각자 전담 관련 기획수사나 연구를 했다. 원하고 기대하는 방향으로 부가 운영되어 스스로도 만족했던 시기였다.

· 2008년 광주지검 형사부장으로 부임했다. 나를 인정하는 상사와 능력 있는 부원들을 만나 원하고 기대했던 대로 부를 운영했다.

전국 최초 법생활 골든벨 대회 개최

형사3부 업무 중에는 '학교' 관련 전담이 있었다. 당시 학생들이 인터넷에서 영화, 게임, 글 등을 저작권자 허락 없이 다운로드 받아 지식재산권 위반사범으로 입건되어 송치된 사건이 많았다. 한국저작권협회에서 고용한 변호사들이 전문적으로 찾아 경찰에 고발했는데, 일정한 돈을 받으면 고소를 취소했다. 고소를 취소하면 '공소권 없음'으로 처분하고, 고소가 취소되지 않으면 벌금처리를 하거나 기소유예로 처분했다.

입건된 학생 대부분은 죄가 되는지도 몰랐으며, 당사자와 부모들은 입건되어 벌금이나 기소유예 처분을 받게 되면 아무리 공부를 잘해도 인생이 끝나 버린 것으로 인식했다. 심지어 어떤 학생은 경찰서에서 부르자 자살한 경우도 있어 사회적으로 큰 이슈가 되었던 상황이었다. 사건들은 기준에 따라 기계적으로 처분이 이뤄지기 때문에 결재하는

데 어려움도 없고, 시간도 걸리지 않는다. 나도 처음 1~2개월 정도는 관행적으로 결재했으나, 문득 '과연 이렇게 처분하는 것이 범죄 예방에 효과가 있을까? 법에 무지한 청소년을 범죄로부터 보호하는 데 도움이 될까?' 하는 의문이 들었다.

담당인 이○○ 검사를 불렀다. "이렇게 처분하는 것은 별 의미가 없다. 학생들이 법을 몰라 이런 범죄를 저지르고 있으니, 각 학교를 순회 방문하여 저작권자 승낙 없이 다운로드받으면 죄가 된다는 점을 설명해라"라고 말했다. 지시를 내렸으나 퇴근해서 가만히 생각하니 검사 한 명이 관내 각 중·고등학교를 순회, 강연하는 것은 무리라는 생각이 들었다. 차라리 각 중·고등학교 학생생활지도 선생님들을 한곳에 모아 교육시키는 게 낫겠다고 판단되었다.

다음 날 출근해 검사장님께 위 내용을 보고하자, 검사장님께서는 "좋은 생각이다. 그런 내용으로 학생들을 상대로 퀴즈대회를 열면 어떨까?"라고 제안하셨다. 거기까지 생각하지 못했는데 참 좋은 아이디어라는 생각이 들었다. 사무실로 돌아와 구체적인 계획을 세웠다.

먼저 광주시교육감, 전남도교육감, 전남대총장, 광주대총장, 광주지검 법사랑협의회회장, 한국저작권협회장 등 모든 관계자에게 직접 전화를 걸거나 면담을 통해 협조를 받아 냈다. 행사 당일 전남대 대강당이 광주, 전남 중·고등학교 대표 학생들과 지도교사들로 가득 채워졌다. 내빈으로 광주지검장, 광주시교육감, 전남도교육감, 전남대총장, 광주대총장, 광주지검법사랑협의회회장, 한국저작권협회장 등이 참석했다. 언론에서도 행사에 관심을 가지고 취재 나와 열기가 뜨거웠다.

행사 명칭은 '제1회 법생활 골든벨 퀴즈 대회'. 행사는 대성황리에 끝났고 교육효과는 충분히 달성했다. 행사가 끝나고 고생한 직원들과 기분 좋게 뒤풀이 시간을 가졌다. 이후 대검과 법무부에 행사와 관련된 정보를 보고하면서 '전국지검 단위 검찰청에서 해마다 행사를 실시하고, 연말에는 대검이나 법무부 주관으로 각 지검에서 골든벨 대회를 열어 최고 득점자에게 검찰 장학금을 주자'고 건의했다. 그러나 아무런 반응이 없었다. 광주지검조차도 내가 떠나고 난 후 한 번도 행사를 열지 않았다. 요즘 법무부 주관으로 솔로몬 퀴즈대회를 하고 있는데, 그 내용이 내가 계획하여 시행하였던 '법생활 골든벨 퀴즈 대회'와 비슷해 그나마 아쉬움을 달랬다.

식품사범 단속

　2008년 광우병 파동과 과자에서 인체에 유해한 색소가 발견되어 국민들의 먹거리에 대한 관심이 고조되었다. 식품도 우리 부 전담이었다. 나는 광주 시내 각 구청으로부터 식품 담당 특별사법경찰관들을 1명씩 파견받아 우리 부 수사관들과 함께 '먹거리 특별단속반'을 조직하였다. 청 내에 합동단속반 사무실을 두고 현판식도 거창하게 했다.
　단속내상으로 광주, 전남 요식업체 중 규모 순으로 100개 업체를 목록화했다. 규모가 큰 업체 중 일부는 특사경 단속을 우습게 알아 그간 특사경들의 불만이 많았다. 그런데 검찰과 합동으로 단속을 나가자 꼼짝하지 못해 특사경들의 사기가 매우 높아졌다. 이때 모 방송사 기자가 식품 관련 제보를 했다. 전라남도에 친환경농산물 인증을 받은 농가가 많은데, 인증업체가 허위로 인증한 사례가 대부분이라는 것이었다. 관련 자료를 모아 나○○ 검사에게 수사를 시켰다.

수사 결과, 친환경 농산물 인증기관이 인증심사 보조금을 청구하면서 분석비용을 부풀려 청구하거나, 심사원이 출장 가지 않고도 출장 간 것처럼 출장비를 청구하는 사례가 많았다. 또 인증심사를 하지 않고 인증서를 발급해 주거나, 심사원 자격이 없는 사람이 친환경 심사를 한 사례, 수질과 토양 등 시료 채취를 전혀 하지 않고 농가로부터 택배로 시료를 받아 분석을 의뢰한 사례, 시료분석을 하지 않고 친환경 농산물 인증서를 발급하는 사례 등 부실 인증이 광범위하게 이뤄진 사실을 확인했다.

  나는 이들 인증기관이 부실인증을 하고서도 인증 관련 보조금을 수령했기 때문에 보조금 관련 죄로 기소했다. 문제는 친환경농가가 생산한 농산물이 친환경이냐, 아니냐는 점이었다. 의심이 갔지만 확정할 수 없었다. 만약 '친환경 농산물이 아니다'라고 수사결과를 발표할 경우 선의의 농민들이 피해를 입을 수 있다는 점을 고려하여 더 이상 확대하지 않고 수사를 종결했다.

최우수 형사부 선정

2008년 7월 이○○ 검사가 두툼한 보고서를 가지고 왔다. 보고서 내용은 그해 3월부터 6월 말까지 4개월간 우리 부의 실적을 정리한 것이었다. 이 검사에게 보고서를 작성한 이유를 물었더니 '우수 형사부 선정을 위한 자료'라고 했다.

당시 대검에서는 형사부 사기 진작을 위해 2개월에 한 번씩 전국 140여 개 형사부 중 실적이 가장 뛰어난 형사부를 선정, 표창하는 제도가 있었다. 사실 우수 형사부 제도에 대해 관심이 없었고 욕심도 없었기에 평가인자도 정확히 알지 못했다. 보고서 내용을 훑어보니 '참 많은 실적을 올렸구나' 하는 생각이 들면서 '이 정도면 당연히 우수형사부로 선정될 것'이라고 예상했다.

며칠 후 대검에서 '최우수 형사부로 선정되었다'는 통보가 왔다. 부 소속 검사 전체를 인솔하여 대검으로 상 타러 오라고 했다. 나는 우리

부 검사 7명을 데리고 서울로 갔다. 사직하려다 후배들의 열정과 검사장의 격려로 근무하고 있는데, 4개월 만에 상을 타러 후배들과 대검에 가게 되니 만감이 교차했다. 총장의 격려와 배석한 대검 간부들의 축하를 받고 광주로 내려왔다. 그날 오후 화순 수만리 한 식당에서 부 전체 직원들과 함께 족구하고 회식하며 회포를 풀었다.

그 후에도 우리 부 검사와 수사관들은 지칠 줄 모르고 열심히 일했다. 대검에서는 우수형사부를 수상한 부 중에서 1년 동안 실적이 가장 우수한 형사부를 연말에 '왕중왕'이라고 하여 표창했는데, 우리 부가 그해 연말 '왕중왕'으로 선발되었다. 전국 140여 개 형사부에서 1위를 한 것이었다. 나는 대검에서 준 상패를 복제하여 실무관을 포함해 전 직원에게 배포했다. 검사생활 중 가장 행복한 기간이었다.

2008년 최우수형사부 선정 기념

◀ 광주지방검찰청 형사3부 ▶

> 광주지방검찰청 형사3부
>
> 부장검사 양부남
> 검　　사 양호산 나옥진 김동희 최재훈 이재만 김미수
> 수사관　 윤영하 심재승 김금숙 조상현 신희성 김정금
> 　　　　 이관형 박성진 김권태 박형균 박권진

2008. 12. 22.

검찰총장 임 채 진

· 2008년 광주지방검찰청 부장검사로 재직 시 최우수형사부로 선정되는 기쁨을 누렸다.

· 서울남부지검 부장 시절 전출 직원을 환송하기 위해 직원들이 한자리에 모였다.

· 서울남부지검 부장 시절 직원들과 함께 회식 후 기념촬영을 했다.

곡절 많은 검사 생활

바우처 사건 수사로 신뢰를 잃다

 2009년 3월 중앙지검 특수3부장으로 임명되어 다시 서울로 올라갔다. 특수3부의 인적구성은 매우 취약하였다. 정보도 가치 있는 것이 없었다. 당시 중앙지검 특수부는 1, 2, 3부로 나눠져 있었는데, 3부는 예비부대 같은 느낌이었다. 마침내 모든 검사들이 희망하는 중앙지검 특수부장 보직을 받았으나 나는 인사발표 당일만 기쁨을 누릴 수 있었을 뿐 3부의 상황을 알고 나니 머릿속에 고민만 가득 찼다. 무능한 부장으로 보일 가능성이 매우 높고 고사되기 쉬운 자리였다. 이 상황을 어떻게 극복해야 할 것인지 매일같이 고민하지 않을 수 없었다.
 쓸 만한 정보는 하나도 없었기에 스스로 정보를 계발해야 했다. 정보를 수집하던 중 보건복지부가 추진하는 '전자 바우처 사업'의 참여 카드사를 선정하는 과정에서 금품이 오갔다는 정보를 입수했다. '전자 바우처'란 노인, 장애인, 산모 등이 서비스 제공기관을 직접 선택해 필요한 서비스를 이용할 수 있도록 정부가 수혜자에게 지급하는 전자카드로 2007년 4월 도입됐다.

부에서 촉이 가장 빠른 강○○ 검사에게 사건을 맡겼다. 보건복지부를 압수수색하고, 바우처 사업 담당과장의 컴퓨터도 압수했다. 컴퓨터를 분석한 결과, 담당과장의 복잡한 사생활이 확인되었으나 이는 수사의 대상이 아니었기 때문에 관심을 두지 않았다. 그런데 수사가 한창 진행되던 중 KBS 모 기자로부터 취재요청이 왔다. 담당과장의 처와 유치원생 딸을 동시에 소환해 조사했는지, 소환해서 담당과장의 여자문제 등을 질문했는지 확인해 달라는 것이었다.

금시초문이었다. 일단 "확인해 보겠다"고 한 후 검사와 수사관을 불러서 경위를 확인했다. 이들이 밝힌 내용에 따르면, 담당과장의 컴퓨터를 압수한 지 얼마 되지 않아 담당과장의 처가 검사실에 전화해 "분석이 끝났으면 컴퓨터를 찾아가도 괜찮겠냐"고 문의했다. 검사실에서는 "찾아가도 좋다"라고 답변했고, 며칠 후 그 처는 유치원생 딸과 함께 검사실을 방문했다. 검사실에서 왜 어린 딸을 데리고 왔냐고 묻자 "유치원 수업이 끝나서 집에 데리고 가는 길에 왔다"고 답했다.

검사실에서는 과장의 처를 상대로 수사 관련 몇 가지 질문을 할 계획이었다. 따라서 온 김에 조사를 받을 것인지 아니면 다음에 다시 와서 조사를 받을 것인지 묻자 온 김에 조사받겠다고 했다. 담당검사는 수사관에게 처에 대한 조사를 지시했으며, 수사관은 함께 온 딸은 휴게실에서 놀게 하고 처는 조사실에서 조사했다.

조사 과정에서 처가 수사관에게 담당과장인 남편의 여자관계 등이 컴퓨터 분석과정에서 확인되었는지 물었다. 수사관은 "살다 보면 부부

싸움도 할 수 있지요"라며 직접적인 답변은 피했다. 조사를 마치고 컴퓨터를 보자기에 싸서 처에게 건네주었고, 처와 아이는 밝은 표정으로 검사실을 나갔으며 수사관이 청사 출입구까지 안내해 주었다. 이것이 전해들은 대강의 사실이었다.

  검사와 수사관의 말이나 당시 분위기로 보아 수사팀의 말이 신빙성 있어 보였다. 나는 KBS 기자에게 수사팀 주장을 설명했다. 기자는 이런 사실을 담당과장 변호인으로부터 들었는데, 과장의 처가 취재에 응하지 않는다고 했다. 변호인이나 담당과장이 수사의 예봉을 피하기 위해 장난치고 있다는 느낌이 들었다. 그리고 KBS 기자도 처를 취재하지 않기 때문에 보도하지 않으리라고 예상했다.

  그러나 며칠 후 KBS는 과장의 처를 취재하지 않은 상태에서 저녁 9시 뉴스에 담당과장 변호인의 주장을 보도하였다. 이렇게 수사하는 것이 스마트 수사냐고 비난하는 보도였다. 당시 검찰은 스마트 수사를 해야 한다고 한참 외치던 때였다. 지휘부와 법무부, 대검에 언론보도 진상보고를 했고, 수사팀의 설명이 사실이라고 강력하게 주장했으나 아무도 믿으려 하지 않았다. 대검에서는 검사와 수사관을 징계하겠다고 했다. 나는 대검에 그 처에게 확인하여 보고 필요시 대질해 달라고 강하게 요구하였다.

  기사가 보도되고 얼마 되지 않아 열린 국정감사에서 이 문제에 대해 의원들로부터 질의와 비난이 이어졌다. 나는 이 사건으로 지휘부로부터 신뢰를 잃었고, 바우처 사건은 수사동력을 잃었다. 힘이 빠졌지만 혼신의 힘을 다해 수사를 지휘해 천신만고 끝에 바우처 사업자를 구속했다. 영장이 발부되던 날 강 검사는 영장발부 보고를 하면서 나를 안고 울었다. 눈시울이 뜨거워졌다. '누가 수사검사의 애환을 알 수 있을까? 이게 수사 검사의 운명이구나' 하는 생각이 들었다.

· 중앙지검 특수3부장 재직 시 후배 검사들과 함께 검찰청 앞에서 함께 기념촬영 했다.

조사받던 참고인 유산

　바우처 사건으로 지휘부로부터 미움을 산 나는 힘든 상황에서도 최선을 다했다. 이번에는 모 구청장이 직원 채용과정에서 뇌물을 수수한 비위사실을 내사하게 되었다. 이 사건도 강○○ 검사에게 맡겼다. 강 검사는 바우처 사건으로 구설수에 올랐던 점을 거울삼아 신중하게 진행하였다. 구청장 최측근이라는 직원의 딸을 비서실에 특별채용한 과정에 석연치 않은 점이 확인되었다. 강 검사는 비서실 여직원을 소환하였다. 그녀는 자신의 아버지와 함께 출석하여 아버지가 입회한 가운데 조사받았다.
　비서실 여직원은 자신이 임신한 상태라고 하며 채용비리와 관련해 사실을 말하지 않았고 아버지가 입회하고 있어 조사는 별 소득 없이 끝났다. 며칠 후 범죄정보실 모 사무관이 찾아와 "모 구청장 비서실 여직원이 강○○ 검사실에서 조사받은 후 유산했다고 하는데 알고 있습니까?"라고 물었다.

강 검사에게 조사 경위를 확인했는데 강압수사, 폭언 등은 하지 않았음이 분명했다. 상식적으로도 임산부라는 점을 알고 있었고 아버지가 입회한 가운데 강압수사를 할 수 없었을 것이다. 그러나 '더 이상 수사를 진행할 수 없을 뿐만 아니라 또 다시 구설수에 휩싸일 것'이라는 불길한 생각이 머릿속을 스쳐 갔다. 바우처 사건으로 곤혹을 치른 지 불과 2개월 여 만에 다시 이런 일이 생기니 마음이 착잡했다.

아니나 다를까. 바우처 사건 때 우리를 곤경에 빠뜨렸던 KBS 기자가 저녁 9시 뉴스에서 이 사건을 보도했다. '검찰의 강압수사로 조사받던 여직원이 충격받아 유산했다'는 내용이었다. 대검 등에 언론보도 진상보고를 했으나, 그렇지 않아도 밉던 놈이 또 사고를 쳤으니 얼마나 미웠을까? 돌이켜 생각해 봐도 참으로 기가 막혀 더 이상 기억하고 싶지도 않다. 검사로서 운명이 다했다는 생각이 들었다. 모든 것을 포기하고 싶었다. 강 검사는 이 일로 결국 떠나야 했다. 강 검사가 형사부를 떠나던 날 나의 무력함과 이런 상황이 발생한 현실이 원망스러워 크게 좌절했다.

방산비리 피의자 자살

　동력을 잃은 나는 모든 것을 포기하고 싶었지만, 마음을 가다듬었다. 수사를 하며 돌파구를 찾으려고 몸부림을 치던 어느 날, 방산비리 관련 정보를 입수했다. 우리나라 최대 방위산업체가 방산물자 수입부품 가격을 상향 조작하는 등의 방법으로 미국소재 회사에 과다지급했다는 내용이었다. 수백억 원의 대한민국 재산을 국외이동하고 같은 방법으로 방위사업청을 기망하여 수억 원을 편취했다는 정보였다.
　나는 자료 분석을 통해 정보가 신빙성이 있음을 확인하고, 본격적으로 수사에 착수했다. 신○○, 김○○, 박○○ 등 부 전체 검사들로 팀을 꾸려 수사했다. 여러 가지 어려움을 극복하고 정보내용을 증거로 입증했다. 증거확보와 조사도 어려웠지만, 사기죄가 되는지에 대한 법리검토도 매우 어려웠다. 다행히도 유사 판례를 발견하고 분석해 사기죄가 성립한다는 결론을 냈다.

남은 과정은 회사 관련자들을 어느 선까지 입건하고 구속할 것인지 정하는 것이었다. 지휘부와 상의해 사장만 구속하기로 결정했으나 구속영장 청구 이틀 전, 돌연 사장이 자살해 버렸다. 수사팀은 경찰을 통해 그의 유서 내용을 확인했다. 유서에는 수사과정에서 따뜻하게 대해준 검사들에게 고마웠다는 감사표시와 검사들로부터 많은 것을 배웠다는 내용이 들어 있을 뿐 수사팀을 원망하는 내용은 없었다.
　수사결과 다가올 책임이 부담스러워 자살한 것이었으나 언론에서는 또다시 특수3부가 수사과정 중 적절치 못한 점이 있어 사장이 자살한 것처럼 보도했다. 결국 방산비리 사건처리는 후임 부장이 하는 것으로 정리하고, 나는 더 이상 관여하지 않기로 결정 났다. 후임 부장은 회사 임직원 등 6명을 불구속 구공판했다.

세 번째 사직 갈등

 모든 검사들이 희망하는 중앙지검 특수부장 자리에서 나는 검사생활을 통틀어 가장 고단하고 괴로운 시절을 보냈다. 방산회사 사장 자살 후 나는 완전히 무기력 상태에 빠졌고, 2010년 8월 인사에서 법무연수원 교수로 발령받았다. 통상 특수3부장을 하면 그다음은 특수2부장을 하는데 나는 지휘부와 마찰, 수사과정 중 발생한 구설수 등으로 좌천된 것이다. 당시까지만 해도 중앙지검에서 특수부장을 하다 법무연수원 교수로 발령 난 것은 내가 처음이었다.
 후배 검사들, 직원들이 인사하러 왔다. 이례적인 인사 조치에 대해 한 마디씩 했다. 이들 중 60%는 사직을 권유했다. 조직 내에서 재기 가능성이 희박하니, 차라리 개업해서 다른 길을 모색함이 상당하다는 것이었다. 매우 합리적인 의견이었다. 나머지 40%는 1년 뒤 인사를 보고 결정하는 것이 좋겠다는 의견이었다. 나도 마음이 매일매일 변했다. 사직서를 제출하려고 마음먹었다가도 조직에 대한 미련이 남아 망설이고 갈등하는 사이 시간이 지나 법무연수원에 부임하게 되었다.

연수원 합숙소 생활

당시 용인에 있던 법무연수원 교수는 나를 비롯해 손○○, 김○○, 최○○, 강○○ 총 5명이었고, 내가 수석교수였다. 교수들이 하는 일은 검사와 수사관 교육인데 그중 초임검사 교육이 가장 중요했다. 법무연수원에는 교육생 합숙소가 있는데, 교수들은 합숙소 중 1인실을 사용할 수 있었다. 방 구조나 크기는 매우 열악했다. 겨우 1명이 거처할 공간이다. 침대 1개만 있을 뿐 나머지 공간은 거의 없어 흡사 군대 내무반 같았다.

연수원 직원들은 서울행 통근버스를 타고 퇴근했다. 교육생을 제외하고 연수원에 6시 이후 남아 있는 직원은 나 혼자였다. 나는 저녁 식사 후 연수원 뒤 법화산으로 등산을 갔다. 산을 오르고 내려와도 초저녁이라 다시 운동장을 3~4바퀴 뛰었다. 그래도 시간이 남으니 사무실에 들어가 색소폰과 대금 연습을 하거나 사서삼경을 읽으며 시간을 보내다 10시경 이른 취침을 했다. 연락하는 사람도 없어 외부에서 식사할 일도 없었다.

음식은 적게 먹고 운동은 많이 했다. 10시에 취침하면 오전 4시 이른 새벽에 잠이 깼다. 창을 통해 달빛이 비치면 왠지 서글픈 기분이 들었다. 맑은 공기 속에 일어나 앉아 새벽기도를 하며 살아온 과거를 반추했다. 교육생이 없는 기간에는 그 넓은 연수원에 나 혼자 있다. 어떨 때는 무서운 느낌이 엄습해 오기도 했다. 월나라 구천의 와신상담이 생각났다.

외로움과 두려움을 달래기 위해 〈초우〉라는 노래를 즐겨 부르기도 하고 색소폰으로 연주하기도 하였다. 노랫말 중 "가슴속에 스며드는 고독이 몸부림칠 때 갈 곳 없는 나그네의 꿈은 사라져"라는 부분은 당시 나의 심정을 대변해 주는 것 같았다.

로하스 합창단 창단

  일단 1년을 버텨 보기로 하고 마음을 진정시키면서 연수원에서 교수생활을 하던 중 박○○ 원장의 지시로 법무연수원 합창단을 조직하게 되었다. 내가 단장을 맡고 손○○, 김○○, 최○○, 강○○ 검사 교수, 교정연수부의 서○○, 김○○, 박○○ 교수, 일반 연수부의 황○○, 임○○ 등이 함께했다.

  창단식을 하던 날, 어찌된 영문인지 법무연수원 직원 약 50여 명이 합창단원이 되겠다고 모였다. 케이크를 자르고 원장말씀이 이어지며 제법 격식을 갖춰 창단식을 개최했다. 합창단 이름은 공모를 거친 후 최종적으로 '로하스'라고 정했다. 로하스는 'LAW OF HEART AND SPIRIT'의 앞 문자를 딴 것인데, '사랑과 혼이 담긴 따듯한 법을 교육·연구하자'는 의미가 담겨 있었다.

매주 금요일 점심 때 연습했다. 창단 후 1개월 정도 지나자 단원은 약 30명으로 줄어들었다. 막상 해 보니 합창이 쉽지 않았기 때문이었다. 상당수가 악보를 잘 보지 못했다. 원장은 가능하면 12월 22일 창단공연을 열자고 제안했다. 무리였지만 해 보기로 결심하고 방안을 강구했다. 나는 지휘자, 반주자와 저녁을 먹으면서 앞으로 2개월 후 발표회 계획을 알린 뒤 해 보자고 설득해 동의를 얻었다.

'일단 발표곡을 3곡으로 정하고, 각 곡을 소프라노, 알토, 테너, 베이스 파트별로 불러서 따로 녹음한다. 단원들에게 자신이 속한 각 파트의 녹음테이프를 전달해 곡을 아예 통째로 외우도록 한다'는 것이 내 구상이었다. 지휘자와 반주자는 좋은 아이디어라고 했다. 저녁을 마치고 바로 연수원 강당으로 가 피아노에 맞춰 지휘자와 반주자가 3곡을 각 파트별로 노래 부르고 녹음했다.

다음 날 황○○ 팀장이 단원별로 녹음테이프를 복제하여 배포했다. 그날부터 단원들은 시간이 날 때마다 테이프를 들으면서 곡을 외웠다. 모여서 연습해 보니 매일매일 완성도가 높아졌다. 어느 정도 자신이 생겼다.

다음은 프로그램을 짰다. 수원시 합창단, 청주여자교도소 하모니 합창단, 안양정보고등학교 밴드부를 초청하기로 했다. 현수막과 팸플릿 도안을 만들었다. 단복도 준비했다. 홍보도 엄청나게 했다. 행사 당일 법무연수원 대강당 1~2층이 용인시 주민 등 800여 명의 관객으로 꽉 찼다. 연수원 개원 이래 대강당이 이렇게 꽉 찬 것은 처음이라고 했다. 발표는 기대 이상이었다. 관객들로부터 기립박수와 앙코르를 받았다. 끝나자 우리는 서로 안고 기쁨을 나눴다.

· 법무연수원 로하스 합창단은 이·취임식, 임관식 등에 초청되어 노래를 불렀다.

합창단 활동

 발표가 끝나자 단원들의 자세가 해이지면서 탈퇴자가 늘었다. 나도 합창단을 유지하는 데 여러 가지로 지친 상태였다. 해가 바뀌며 박○○ 원장이 대검차장으로 가고 조○○ 원장이 부임했다. 나는 '합창단을 유지하기 어렵다'고 판단하고 해체를 내심 결심하고 있었다.
 원주 워크벨리에서 신임검사 교육준비를 위한 워크숍을 하고 있는데, 원상이 전화를 걸어 "신임검사 입소 때 합창단에서 축하 노래를 불러 주면 어떠냐?"고 물었다. 나는 "죄송하지만 합창단을 더 이상 유지하기가 어려워 해체하려고 합니다"라며 거절 의사를 내보였다.
 원장님은 재정여건이 여의치 않음을 눈치 채고 "금일봉을 줄 테니 한번 공연해 달라"고 요청했다. 단원들의 동력이 떨어진 것도 있지만 재정이 빈약한 것도 해체를 고려했던 주요 요인이었다. 금전적으로 지원해 준다니 숙제 하나를 던 셈이어서 단원들에게 고지하고 그해 첫

신입검사 입소 시 무대에 올라 축하 노래를 불렀다. 자신들을 지도할 교수들이 직접 나와 노래를 불러 주니 반응이 뜨거웠다.

이 일이 계기가 되어 로하스 합창단은 입소식, 기관장 취임·이임식, 신임검사 임관식 등에 초청되어 노래를 불렀다. 반응도 좋았고 단원들도 보람을 느꼈다. 2011년 8월 12일에는 영화 〈하모니〉로 잘 알려진 합창단이 있는 청주여자교도소로 위문 공연을 갔다. 재소자 600여 명이 지켜보는 가운데 하모니 합창단과 함께 손잡고 노래 불렀다. 나도 막간을 이용해 〈숨어 우는 바람 소리〉라는 곡을 색소폰으로 연주했다. 재소자 중에는 눈물을 흘리는 사람도 있었다. 이색적인 행사에 언론은 많은 관심을 가지고 열띤 취재를 했고, 나는 즐거운 마음으로 응했다.

8월 27일에는 KBS가 주최하는 '전 국민 합창대회'에 참가했다. 비록 예선에서 떨어졌지만 로하스 합창단의 건재를 온 국민 앞에 과시한 기회였다. 합창단원은 연수원 내 공익요원, 보일러 기사, 교정직, 보호직, 검찰직, 행정직, 검사 등 여러 직렬로 구성되었고, 외부 인사도 있었다. 단원들은 지위와 직책을 떠나 형제 같은 끈끈한 정을 나눴고, 연수원 내 의사소통의 촉매제 역할을 하였다. 매주 연습이 끝나고 가진 티타임은 연수원 생활의 작은 활력소였다.

신임검사 교육과정 개선

당시 신임검사들은 사법연수원을 수료하고 검사 임명을 받은 후 바로 근무지로 가서 몇 개월 정도 근무하다 법무연수원에 신임검사 교육을 받으러 왔다. 나는 부임하던 해 가을 39기 검사들의 후반기 교육을 맡았다. 그 과정에서 검사들이 임용되자마자 기본적으로 필요한 소양 교육을 전혀 받지 않은 상태에서 일선 청에 부임하다 보니 여러 가지 애로사항이 있다는 점을 확인했다.

검사 교수들과 이 문제를 해결하기 위한 방안을 연구했다. 검사로 임용되면 바로 근무지로 가지 않고 법무연수원에서 약 1주일 정도 검사로서 업무수행에 필요한 기본적 소양 교육을 받도록 시스템을 구축하자고 의견을 모았다. 교육과정 명칭은 '신임검사 오리엔테이션'. 교육 내용은 '직원, 상사, 선배들에 대한 예절', '경찰관에 대한 응대 요령', '사건처리 절차' 등 지극히 기본적인 것이지만 누구도 가르쳐 주지 않앉던 부분이다. 사법연수원 40기 검사들부터 새로운 과정을 적용시켰는데 매우 호평받았다.

그러나 우리는 여기에 안주하지 않았다. 2010년 12월, 검사교수들이 모여 2011년 신임검사 교육 방안에 대한 회의를 열었다. 현재 교육 시스템의 문제점을 분석하고 대안을 마련하는 회의였다. 당시까지 교육 방식은 검사들에게 먼저 이론 교육을 시키고 나중에 문제를 해결하게 하는 방식이었다. 그러다 보니 검사들이 이론 교육 시간에 집중도가 떨어지고 창의력을 키울 수 없는 단점이 있었다.

최○○ 교수의 제안으로 우리는 이 방식을 뒤집기로 했다. 먼저 각 과목에 대해 문제를 제시하여 해결하도록 한 후, 문제에 대한 모범 답안을 설명하면서 이론 교육을 하는 방식으로 바꾸기로 하였다. 이와 같이 선 문제해결, 후 강의하는 방법을 교육학에서는 'PBL식 교육방법'이라고 한다.

교육과목 중 문제가 없는 과목이 대부분이었다. 그래서 우리들은 이 방식을 도입하기 위해서 각 과목에 대해 문제를 출제하기로 하고 교수별로 과목을 배분하여 준비했다. 나는 '경찰서 유치장 감찰', '변사체 지휘' 과목을 맡았다. 문제를 출제하기 위해 대검으로부터 실제 유치장 감찰보고서, 변사체 지휘서 중 가장 모범적인 것을 받아 관련 실제 기록 중 필요한 부분을 발췌, 복사하여 문제집을 만들었다. 이렇게 교육 시스템을 바꾼 결과, 교육효과는 매우 높아진 것으로 분석되었다. 1년간 법무연수원 교수로 근무하면서 사건에 휘둘리지 않다보니 마음의 평화와 정서적 안정을 얻었다. 조직을 떠나지 않고 남기로 했다.

참고인이 된 검사

　2015년 추석 전날 시골 친구들과 저녁을 먹고 있는데, 김○○ 검사장이 전화를 걸어와 "A라는 담양 후배와 골프를 친 적 있느냐?"라고 물었다. 나는 A를 모르고 그 사람과 골프를 친 사실이 없으므로, "그런 사실이 없다"고 했다. 며칠 지나서 한 변호사가 방문했다. 그 변호사는 김 검사장이 추석 전날 나에게 전화할 때 함께 있었으며, 자신의 부탁으로 김 검사장이 전화를 한 것이라며 찾아온 용무를 말했다. 그 변호사가 말한 요지는 다음과 같다.
　A라는 사람이 재혼했는데, 일정한 직업 없이 손위 동서 B의 집사 역할을 하며 살았다. B는 집이 서울이지만 회사는 광주에 있어 주중에는 광주에 있고 주말에만 서울로 왔다. A는 평소 양부남 차장검사와 잘 아는 사이라고 자주 말했다. 어느 날 B가 거래처로부터 사기죄로 고소당해 고민하다 A에게 상의하자 "양부남 차장을 만나 해결할 테니 걱정하지 말라"고 했다.

A는 3회에 걸쳐 "양부남과 저녁식사를 하기로 했으니 준비해라"라고 했다가 "양부남이 바빠 올 수 없다"면서 번번이 약속을 취소했다. 그러다 6월 5일 갑자기 전화해 "현충일이 휴일이어서 양부남 차장검사가 광주에 있는데, 함께 골프를 치기로 했으니 내려가자"고 했다.

B가 A에게 골프장 이름과 함께 라운딩할 사람을 묻자, '보안사항'이라면서 알려 주지 않았다. 광주에 있는 골프장이라고만 했다. 6일이 되자 A가 아침 일찍 B집으로 왔다. B는 자신의 처가 타 준 음료를 마시고 A가 운전하는 차를 타고 광주로 출발했다. B는 차에 타자마자 정신이 혼미해지면서 비몽사몽한 상태가 되었다. 그러다 신태인 부근에서 교통사고가 났다. B가 많이 다쳤는데, 정신을 잃어 가는 와중에 A가 아무런 구호조치를 하지 않고 웃고 있는 것을 보았다. 병원에서 깨어난 B는 A를 찾았으나 A와 B의 처는 교통사고 다음 날 사라져 연락이 두절되었다.

그 후 B의 처가 이혼소송 등을 제기했는데, B는 A와 B의 처가 불륜관계일 것으로 추정했다. 사고 당일 처가 타 준 음료수를 마시고 몸을 못 가누게 된 점, A가 사고발생 후 구호조치를 하지 않고 웃으면서 쳐다보고 있었던 점 등을 미루어 볼 때 A는 양부남 차장검사와의 골프약속을 빙자하여 B를 살해하려고 한 것으로 보고 A를 살인죄로 고소하려고 한다는 것이 변호사의 말이었다.

내용을 듣고 보니, 일면식도 없는 사람들 간의 살인미수 사건에 내가 참고인이 되어 있었다. 검사장 승진을 약 2개월 남겨 놓은 시기였다. 떨어지는 낙엽도 조심해야 할 시기였다. 기가 막혔다. 그 변호사는 만약 내가 A를 알고 그와 골프약속을 한 사실이 있으면 검사장 승진 발표 후 고소하겠다고 했다.

나는 A를 전혀 모르고 나아가 골프를 한 사실도 없으니 즉시 원하는 대로 하라고 했다. 단 이 사건에 대한 고소를 진행한다면 경찰에 하지 말고 검찰에 해 달라고 부탁했다. 이 사건이 경찰에 고소되면 언론에 흘러들어 가게 되고 당장 언론에서는 '검찰간부가 살인미수죄의 중요 참고인 되었다'는 자극적인 기사로 보도될 것이 뻔했기 때문이다. 그렇게 되면 사실 여부를 떠나서 검사장 승진은 물 건너가게 될 것이 자명했다.

며칠 후 그 변호사로부터 중앙지검에 고소했다는 연락이 왔다. 나는 이 고소사건과 관련해 아무런 관련이 없다는 점을 대검 감찰부, 중앙지검 1차장, 담당검사에게 설명해야 했다. 생면부지 사람들 사이에 일어난 일에 이름이 거명되어 곤혹을 치르고 있으니 억울하고 한심했다.

위 살인미수 사건 고소장이 접수되고 약 1개월 후 또 비슷한 일이 벌어졌다. 순천지청 근무 시 고흥경찰서를 지휘한 인연으로 알고 지내던 경찰관이 서울경찰청 특수대에 근무하고 있었는데, 지인을 통해 자신이 수집한 범죄정보 중 내가 중요 참고인으로 등장한다고 알려 왔다. 내용인즉 C라는 사람이 모 협회에서 일하고 있는데 "수원지검 양부남 사장을 통해 공사를 따 주겠다"면서 정보 제공자로부터 수억 원의 돈을 가져갔다는 것이다.

나는 C라는 사람을 전혀 모르고 내가 누구에게 건설공사를 따 주겠다고 말한 사실도 없었다. 또 이 같은 구설수에 휩싸이게 되었으니 기가 막혔다. 이런 내용을 전해 준 지인에게 "C를 알지 못하고 건설공사를 누구에게 따 주겠다고 말한 적도 없다"는 사실을 전달했다. 그 경찰관은 평소 내 성격을 잘 알고 있던 터라 일단 수사를 미루기로 결정했다.

검사장 승진을 앞두고 아무 관련 없는 일에 두 번이나 내 이름이 거론되자 '아무래도 검사장으로 승진하는 것이 하나님의 뜻이 아닌가?' 하는 의심이 들었다. 승진을 앞두고 힘과 뜻을 모아도 시원치 않은데, 이런 악재가 겹치니 정말 괴로웠다. 주말에 산에 올라 깊이 생각해 봤다. '검사장 승진에 너무 연연해하지 말라'는 하나님의 계시 같은 느낌이 들었다.

그날부터 승진에 집착하지 않기로 결심하고 기도 내용을 바꿨다. 검사장 승진이 아니라 검사장 승진에 집착하지 않게 해 달라고. 어느 순간 폭풍 뒤 고요함처럼 내면이 잠잠해졌다. 승진에 대한 집착이 사라지면서 모든 것이 하나님의 뜻이라는 생각이 들자 결과를 겸허히 받아들이자는 쪽으로 마음이 정리되었다. 며칠 후 나는 목사님께 기도를 부탁했다. 승진하면 좋고, 하지 못해도 내가 하나님을 원망하지 않게 해 달라는 취지로 기도를 부탁하고 기도를 받고 나니 마음이 한결 가벼워졌다.

검사장 승진

2015년 12월 21일 오전 김○○ 검찰 총장으로부터 전화가 왔다. 검사장 승진을 축하하는 전화였다. 이어서 김○○ 장관으로부터 같은 내용의 전화가 왔다. 1993년 3월 23일 검사에 임관되어 22년 9개월 만에 검사장으로 승진했다. 너무 기뻤다. 공고 출신에 지방대 졸업. 인맥도 학맥도 없었다. 몸이 부서져라 오로지 일만 했다. 그래도 인덕이 있어 함께 근무한 수사관, 실무관들이 최선을 다해 도와주었다. 그분들의 도움이 쌓여 이런 결과를 가져온 것이다.

전남대 법대 64년 역사 속에 김양균 헌법재판관이 1981년 검사장으로 승진한 뒤 34년 만이었다. 언론에서는 '흙수저' 검사가 검사장이 되었다고 대대적으로 보도했다. 맞는 말이다. 나는 전형적인 '흙수저'다. 아니, 어쩌면 수저 자체가 없었다고 해도 과언이 아니다.

많은 사람들의 축하 속에 2015년 12월 광주고등검찰청 차장으로 부임했다. 2016년 1월 새해 계획을 세우면서 앞으로 어떻게 살아갈 것인지 곰곰이 생각했다. 검사장이 되었으니 국가와 검찰 조직의 발전을 위해 도움이 되는 무언가를 해야겠다는 생각이 들었다. 구체적으로 무엇을 할 것인가? 업무개선, 수사능력 향상 등 여러 가지가 떠올랐지만 마음이 끌리지 않았다. 그러던 어느 날 '검찰 조직이 국민과 여론으로부터 신뢰받을 수 있는 방향으로 검찰개혁을 하는 데 도구가 되자'는 생각이 들었다. 그때부터 매일 하나님께 '검찰개혁의 도구로 사용해 달라'고 기도했다.

전두환 사자명예훼손 사건 수사

 2017년 8월 광주지검 검사장으로 발령 났다. 고향에서 검사장을 하게 되어 여러 가지로 의미가 있었다. 고향 발전을 위해서 검찰권을 어떻게 행사할 것인지에 대해 많이 고민했다. 부임해 업무보고를 받고 보니, 청의 가장 큰 현안은 전두환에 대한 고소 사건이었다. 고 조비오 신부 조카가 전두환을 허위사실 적시 사자명예훼손죄로 고소한 사건이다.
 고소 내용은 5·18 당시 계엄군 헬기의 기총소사가 실제로 존재하였음에도 전두환이 2017년 4월 3일 출간한 회고록에 "광주사태 당시 헬기 사격은 없었다는 사실이 증명되었으므로, 조비오 신부의 헬기 사격 목격 주장은 허위이다. 조비오 신부는 성직자라는 말이 무색한 파렴치한 거짓말쟁이다"라고 기술한 부분이 허위사실이며 사자명예를 훼손했다는 것이다.

고소장은 2017년 4월 28일 접수되었는데, 약 3개월가량 수사가 진행되지 않고 있었다. 나는 담당검사, 부장에게 사건을 속히 진행하도록 독려하여 2017년 12월 혐의 입증에 필요한 증거 수집을 완료하고 '대검에 기소하겠다'는 의견을 제시했다. 그런데 대검 형사부에서는 '사실의 적시가 없어 명예훼손죄가 성립되지 않는다'고 했다.

공안부장에게 '사실의 적시에 해당됨'을 설명하도록 했다. "무죄가 나면 검사장인 내가 책임지겠다"는 취지로 부장을 통해 대검에 전달했다. 총장은 '고의' 입증이 되는지에 대해 회의적인 반응이었다. 나는 2018년 1월 초 고의가 인정된다는 보고서를 총장에게 보냈다. 그 후 우여곡절 끝에 광주지검은 2018년 5월 전두환을 허위사실 적시 사자명예훼손죄로 기소했다. 유죄판결이 선고됨으로써 5·18민주화운동 당시 광주 시내에 헬기 사격이 있었다는 점이 공식적으로 인정되게 되었다.

· 광주지검 검사장 시절 직원들과 신년 무등산 산행에 나섰다.

곡절 많은 검사 생활

강원랜드 채용비리 사건

 2018년 2월 6일부터 7월 18일까지 강원랜드 채용비리 사건의 수사단장으로 가게 되었다. 지금도 왜 하필 나였을까, 그때 내가 안 맡았으면 어떻게 되었을까 부질없지만 생각해 본다. 반년도 안 되는 5개월 정도에 불과한 시간이었지만, 검찰 간부와 국회의원 등 많은 사람들이 관련되었고 많은 일이 있었다. 이 사건은 큰 이슈로 언론에서 상당히 다뤄졌고 지금도 기억하고 있는 국민들이 많다.

 사건은 2012년으로 거슬러 올라간다. 강원도 정선군 소재 ㈜강원랜드 최흥집 사장은 2012년 11월부터 2013년 4월까지 직원 518명을 채용했다. 그 과정에서 국회의원 등 지역 유지들의 부탁을 받고 서류전형 점수 사후변경, 인적성 검사결과 무시, 면접점수 사후변경 등의 방법으로 상당수 직원을 불법 채용했다. 후임 사장은 2016년 2월 춘천지검에 이 채용비리에 대해 수사를 의뢰했다.

춘천지검은 2017년 ○○○사장과 인사담당 과장을 업무방해죄로 불구속 기소했다. 그러자 언론과 여론은 춘천지검이 사건을 제대로 수사하지 않았다며 ○○○사장을 구속하지 않고 국회의원 등 청탁한 자들을 아무도 처벌하지 않은 데 대한 신랄한 비판을 쏟아 내기 시작했다. 시민단체는 권○○, 염○○ 의원을 강원랜드 직원 채용비리 혐의로 중앙지검에 고발했다. 중앙지검은 춘천지검에 고발장을 이송하였고, 춘천지검은 채용비리를 다시 수사해 2017년 12월 19일 ○○○사장과 염○○ 의원 보좌관을 업무방해죄로 구속기소했다.

이 사건을 수사한 안○○ 검사는 2018년 2월 4일 밤 MBC 8시 뉴스에 출연하여 "강원랜드 채용비리 수사 중 상부로부터 외압을 받았고, 외압을 거절하여 인사 보복을 당했다"라고 인터뷰했다. 춘천지검과 대검은 다음 날 "안○○ 검사의 인터뷰 내용은 사실이 아니다"고 언론에 발표했고, 안 검사는 변호인을 통해 검찰의 발표내용을 반박했다. 대통령은 수석비서관회의에서 "엄정하게 진상이 규명되어야 할 사안이다. 이러니 검찰개혁이 필요하다"고 질타했다.

대검찰청은 안○○ 검사의 주장이 사실이 아니라고 언론에 발표했지만, 대통령이 나서 지적하자 부랴부랴 긴급 브리핑을 통해 '강원랜드 채용비리 관련 수사단 구성'을 발표했다. 총장은 언론에 "강원랜드 채용비리 관련 수사단은 총장을 포함하여 누구에게도 일체 보고 없이 독립적으로 수사하는 독립 수사단이다. 총장은 수사결과만 수용한다. 대신에 수사심의위원회 내 전문위원회를 통해 수사 결과에 대해 검증받는다"고 발표했다.

언론은 이와 같은 독립 수사단 구성에 대해 "장관이 고려했던 특임

검사 임명보다 한 발짝 더 나아간 고강도 대책이다. 외압이 개입될 여지를 없애기 위해 수사내역 등을 검찰총장에게도 일절 보고하지 않기로 했다"고 보도했다.

재 직 기 념

강원랜드 채용비리 관련 수사단
단장 양 부 남
(2018. 2. 6. ~ 2018. 7. 18.)

2018. 7. 18.
강원랜드 채용비리 관련 수사단
단장 양부남, 부단장 황의수, 부장검사 김양수,
검사 정일균, 최혁, 마수열, 김용식, 장인호, 차경자

· 강원랜드 채용비리 관련 수사단이 2018년 2월 6일부터 2018년 7월 18일까지 운영되었다.

곡절 많은 검사 생활

강원랜드 채용비리 수사단장

강원랜드 채용비리와 관련해 독립적인 수사단을 구성한다는 뉴스를 듣고, '누가 단장이 되든지 힘들겠구나' 하는 생각을 했다. 그런데 총장으로부터 전화가 왔다. 순간 '혹시 나에게 수사단장을 맡으라고 하는 건가?' 하는 불길한 생각이 스쳤다. 예상은 적중했다. 총장은 나에게 "수사단장을 맡아서 철저하게 수사해라. 그리고 수사 끝날 때까지 통화도 하지 말자. 최종 수사결과만 보고받겠다. 수사 종결 후 외부 민간 전문가 등으로 구성된 수사전문위원회의 검증을 받도록 하자"고 했다. '수사지휘권을 행사하지 않을 테니 소신대로 수사하라'는 취지로 받아들였다.

이렇게 해서 나는 수사단장이 되었고, 대검 반부패부 추천으로 황○○ 당시 부산서부지청장을 부단장, 김○○ 당시 중앙지검 조사2부장을 수사부장으로 지명하고 그들에게 연락했다. 아마 그 두 사람도 상당히 당황했을 것이다. 나는 김 부장에게 수사검사 5명 등으로 수사진을 구성하고, 수사에 필요한 시설을 준비하도록 지시했다. 2월 7일 오후 나는 광주지검을 떠나 수사단이 꾸려진 서울북부지검으로 갔다. 지검에 도착하니 많은 기자들이 취재 나왔다. 나는 수사에 임하는 자세를 묻는 질문에 대해 '사즉생(死卽生)'이라고 답변했다.

나는 곧바로 춘천지검에서 2년 동안 2번에 걸쳐 수사한 사건기록, 공판기록을 읽기 시작했다. 엄청난 분량이었다. 약 1주일 동안 주야로 열독하고 나니, 사건 전체 윤곽이 드러났다. 기록 검토 결과, 안○○ 검사 주장처럼 'A'라는 사람이 권○○ 의원 혐의 입증에 아주 중요한 인물이라고 판단되어, A주거지 압수수색을 실시했다. 이어 권○○ 의원·염○○ 의원 사무실, 대검 반부패부, 법무부 검찰국 등 성역 없이 수사에 필요한 모든 곳을 압수수색했다.

당장 조직 내부에서부터 반발이 시작됐다. 대검 반부패부장 사무실을 압수수색하며 PC 포렌식을 시도했으나 '강원랜드와 무관한 문서가 많아 안 된다'며 사실상 거절당했다. 이 뒤로도 사건에 연루된 고위급 검찰을 향한 수사는 쉽지 않았다. '성역 없는 수사'를 표방했지만, 압수수색에 저항하고 현장에 나간 수사단을 모욕했으며 핸드폰 제출 또는 조사자체를 거부하기도 했다. 그러나 외압을 행사한 자들로 지목된 당사자들을 조사하지 않고 어떻게 진실을 밝힐 수 있단 말인가? 수사단을 발족시킨 조직으로부터 버림받고 있다는 느낌이 들었다. 수사단은 사면초가가 되었다.

'무리한 수사를 하고 있다'는 내·외부의 반발을 극복하고, 강원랜드 최흥집 사장의 자백과 여타 증거에 의해 권○○ 의원, 염○○ 의원이 강원랜드 교육생 선발과정에서 국회의원의 지위·권한을 이용하여 지지자, 지인 등을 부정 채용되게 한 사실을 밝혔다. (권○○ 의원은 무죄가 선고됨)

안○○ 검사가 주장한 외압 의혹도 모두 범죄가 성립한다고 보기는 어려웠지만 대체적으로 인정되었다. 수사단 판단에 혹여 오류가 없는지 확인하기 위해 중앙지검 부장 중 직권남용죄 법리에 정통하다는 3명, 그리고 평검사 1명에게 수사단 보고서를 보내 주고 의견을 구한 바, 전원 죄가 된다는 의견이었다. 수사단에서는 현직 검사장 2명을 기소하기로 결정했다.

두렵고 떨렸다. 잠이 오지 않았다. 총장이 평소 적극 권장한 '검찰수사심의위원회'의 심의 절차를 거쳐 그 결정에 따르기로 했다. '검찰수사심의위원회'는 150명 이상 위원으로 구성되어 있어 객관성이 담보되었다. 그러나 이후 내부 논의 과정에서 검찰수사심의위원회 대신 대검과 수사단이 추천한 7명의 '전문자문단'에서 심의하는 것으로 정리됐다. 이런 와중에 안○○ 검사가 다시 기자회견을 했다. 언론에서는 수사단이 사주한 것으로 보도했으나 양심을 걸고 그런 사실은 전혀 없었다.

안 검사의 기자회견 보도가 나간 후 부단장, 부장과 함께 안 검사 주장 중 수사단 관련 부분에 대해 어떻게 할 것인지 상의했다. 해명하지 않으면 수사단이 공정한 수사를 하지 않고 있는 것으로 비춰질 우려가 있었기 때문이다. 보도자료를 내기로 결정하고 여기에 더해 전문자문단 심의에 이르게 된 경위도 발표해 전문자문단에 공정한 심의를 촉구하는 효과도 기대하자고 했다.

나는 부단장에게 보도자료 작성을 지시하고, 부단장이 작성한 보도자료를 수정하여 5월 15일 오후 언론에 공개했다. 보도자료에는 수사 외압의혹에 대한 수사진행 상황, 의원에 대한 신병처리 결정, 대검에 의한 반부패부 압수수색 저지 주장에 대해 수사과정과 지금까지 수사 결과를 설명하는 내용을 기술했다.

부단장은 이 보도자료를 먼저 대검 대변인에게 보낼 것인지를 물었다. 대검과 신뢰가 깨진 마당에 대변인실에 먼저 알리면 당연히 보도자료 배포를 하지 못하게 할 것이 뻔해 언론에 먼저 공개하고 5분 후에 대변인실에 보내도록 했다. 부단장은 지시대로 했다. 대검차장은 보도자료 배포 사실을 알고 나에게 전화해 먼저 언론에 배포되었는지 여부를 물었다. 나는 이미 언론에 배포했다고 답했다. 나는 "틀린 내용이 있다면 대검에서 반박 보도자료를 내라"고 했다. 또 "절차적으로 문제가 있으면 징계하든지 알아서 하라. 각오하고 했다"고 말했다.

언론에서는 난리가 났다. 일부 언론은 수사단을 원색적으로 공격했다. '수사가 실패하자 그 책임을 총장에게 전가하기 위한 것이다', '조직의 결속력을 깨는 명백한 항명이다', '고검장 승진자리를 놓고 사전에 경쟁자를 제거하기 위한 것이다'라는 내용의 기사까지 등장했다.

강원랜드 채용비리 수사는 실패한 것이 아니라 성공한 수사였다. 춘천지검에서 2년 동안 밝히지 못한 채용비리에 대해 최흥집 사장으로부터 완벽하게 자백받았고 관련 증거도 확보했다. 당장 반박문을 내고 싶었으나 장관으로부터 '대검과의 불화를 자제하라'는 지시가 있어, 이를 악물고 참았다. 비난은 내부에서도 쏟아졌다. 주류 언론과 조직원들은 나를 항명 검사장으로 몰아갔다. 총장의 지시를 하나도 거절하지 않았고, 그가 하자는 대로 '울며 겨자 먹기 식'으로 따랐다. 다만 총장이 당초 약속과 달리 수사단의 독립적 수사권을 박탈하고 수사지휘권을 발동한 사실을 국민에게 알렸을 뿐이다. 총장이 원하는 대로 전문자문단의 심의를 받았는데 항명이라는 말인가? 나는 존명을 한 것이었다.

이같이 소란스러운 나날 속에 시간은 흘러 자문단 심의일이 다가왔다. 하루가 길었다. 종일 비가 추적추적 내렸다. 조용히 하나님께 기도했다. '진리가 승리하게 해 달라'고 빌었다. 밤이 늦도록 심의가 진행되었고 나는 퇴근했다. 너무나 초조했다. 수사단과 나의 명운이 달려 있는 순간이었다. 밤 12시가 조금 넘어서 대검 형사부장으로부터 연락이 왔다. 전문자문단 위원 심의결과 두 검사장에 대해 불기소 결정이 났다는 내용이었다.

예상한 바였지만, 온몸에 힘이 빠졌다. 한숨도 잘 수 없었다. 3개월 10일 동안 밤낮없이 수사한 결과가 이런 것인가? 눈물이 났다. 억울했다. 최선을 다해 진실을 밝혔음에도 무리한 법적용자, 그리고 조직의 반란군이 되어 버린 것이다. 수사단에 비판적이었던 언론은 일제히 '수사단이 사안도 되지 않은 것을 가지고 기소하려고 했다', '엉터리다', '실력이 없다', '수사단이 검찰권을 잘못 행사하려는 것을 총장이 바로잡았다'라며 맹렬히 비난했다.

이 가운데 일부 언론에서 '수사단이 고발인의 추가 고발장을 대필해 줬다'면서 수사단의 도덕성을 비난하는 보도를 냈다. 아무리 수사단 입장을 설명해도 비난 일변도로 나갔다. 추가 고발장 접수는 수사관행상 있을 수 있는 일이고, 고발인이 조사받으면서 "추가 고발장을 제출하겠다"고 하여 그 진술내용이 조서에 기재되어 있었다. 담당 검사가 추가 고발장 제출방법에 대해 "집에서 작성해 올 수도 있고 여기에서 작성할 수도 있다"고 설명하자, 고발인이 "여기에서 작성해 달라"고 하여 작성했던 것이다. 고발인 입장에서도 집에 가서 본인이 진술한 내용을 기억하여 추가 고발장을 작성하는 것보다 검사실에서 작성하는 것이 편리하였기 때문에 동의한 사안이었다.

강원랜드 외압수사 역시 추가 고발장에 의해서가 아니라 안○○ 검사의 주장에 의해 이뤄진 것이다. 아무 문제가 없는 것이었으나 일부 언론은 수사단의 도덕성에 상처를 입히기 위해 마치 범죄인 양 보도했다. 자유한국당은 수사단장인 나와 간부, 검사들을 중앙지검에 고발했다.

총장이 수사지휘권을 발동하여 관련자들 혐의유무에 대해 전문자문단 심의에 따르게 한 것과 관련하여 일부 언론에서는 총장을 지지하는 듯 보였지만 SNS에서는 수사단을 지지했다. 특히 여론조사기관 리얼미터의 발표를 보면, 국민 절반이 '총장이 부당한 권한행사를 한다'고 생각하는 것으로 나타나 이를 뒷받침했다. 수사단에 대한 여론지지가 높아지자 이를 깨기 위해 고발했을 것이다.

이 문제는 장관이 법제사법위원회에서 "추가 고발장 대필은 본인의 동의하에 이뤄졌고, 외압수사가 추가 고발장에 의해 이뤄진 것이 아니라 안○○ 검사의 외압주장에 의해 된 것으로 법률적으로 아무런 문제가 되지 않는다"고 답변함으로써 일단락되었다. 불기소 결정된 외압관련 사건을 5월 30일까지 중앙지검으로 이송하라고 수사단에 지시했고, 수사단은 그날 기록 일체를 중앙지검에 이송했다.

모든 기록을 중앙지검으로 이송한 후에는 실질적으로 할 일이 없었다. 수사단에서 매일 지루한 날들을 보내던 중 6월 22일자로 의정부지검 검사장으로 인사명령을 받았다. 나는 5월 15일 보도자료를 내면서 조직에 대한 미련, 검찰 내에서 출세 등을 포기했다. 인사명령도 담담하게 받아들였다. 모든 것을 내려놓아서인지 불만도, 미련도 없었다. 짐을 정리하기 위해 6월 20일 광주지검으로 갔다. 4개월 13일 만에 내 사무실로 복귀했으나 사무실 모습은 변화가 없었다. 담담한 마음으로 짐을 정리했다. 그날 밤 부·과장들과 만찬을 했다. 할 말은 많았으나 절제했다. 술이 몇 잔 돌았다. 순간순간 감정이 복받쳤지만 참았다.

다음 날 대강당에서 이임식을 했다. 많은 직원들이 참석해 떠나는 검사장을 배웅했다. 고검 직원들까지 참석해 주었다. 전날 밤 이임식장에서 무슨 말을 할 것인지 고민하다 평소 좋아했던 시를 읽기로 하였다. 나의 심정을 잘 표현한 시였다. 간단한 인사말을 한 다음 Lanta Wilson Smith의 시 〈이 또한 지나가리라(This, too, shall pass away)〉라는 시를 낭송했다.

슬픔이 거센 강물처럼 네 삶에 밀려와
마음의 평화를 산산조각 내고
가장 소중한 것들을 네 눈에서 영원히 앗아 갈 때면
네 가슴에 대고 말하라
"이 또한 지나가리라"

끝없이 힘든 일들이
네 감사의 노래를 멈추게 하고

기도하기에도 너무 지칠 때면
진실의 말로 속삭여 지친 마음 사라지게 하고
힘겨운 하루의 무거운 짐을 벗어나게 하라
"이 또한 지나가리라"

행운이 너에게 미소 짓고
하루하루가 환희와 기쁨으로 가득 차
근심 걱정 없는 날들이 스쳐 갈 때면
세속의 기쁨에 젖어 안식하지 않도록
이 말을 깊이 생각하고 가슴에 품어라
"이 또한 지나가리라"

너의 진실한 노력이 명예와 영광
그리고 지상의 모든 귀한 것들을 네게 가져와
웃음을 선사할 때면
인생에서 가장 오래 지속될 일도,
가장 웅대한 일도
지상에서 잠깐 스쳐 가는 한순간에 불과함을 기억하라
"이 또한 지나가리라"

2018년 6월 21일 오후 법무부에서 인사명령을 받은 전국 검사장들의 장관에 대한 신고가 있었다. 어색한 분위기에서 검사장 대부분 아무 말도 하지 않았지만, 거두절미하고 수고했다고 인사하는 검사장도 있었다. 수사 대상이었던 검사장과도 껄끄러운 악수를 했다. 참으로 힘든 상황이었다. 이 무슨 짓궂은 운명이란 말인가?

법무부 신고가 끝나고 총장에 대한 신고를 위해 대검에 갔다. 대검에서 분위기는 더욱 어색했다. 총장은 개별신고를 받지 않고 대회의실에서 검사장들을 상대로 수사권조정 현안에 대해 자신의 견해를 설명하는 것으로 신고식을 대신했다. 그나마 다행이라고 생각했다.

22일 의정부지검에 부임해 취임식을 하고 주말을 보낸 뒤 월요일인 25일 출근하자 '당장 수사단으로 복귀하라'는 총장의 지시가 내려왔다. 업무보고도 받지 못하고 다시 수사단으로 복귀했다. 복귀했으나 할 일이 없었다. 매일매일 지루하게 지내면서 지속적으로 대검에 수사단 축소와 향후 수사단 운영방안을 건의했다.

나는 평생 검사생활을 하는 동안 검사장까지 했다. 앞으로 잘나가서 고검장까지 한다고 해도 근무 기간이 몇 년 남지 않았다. 그러나 수사단 부단장을 맡았던 황○○ 부산서부 지청장과 김○○ 중앙조사2부장은 앞길이 구만리였다. 이들처럼 실력 있고 정의감 있는 검사는 살려야 했다. 나는 이미 인사명령을 받았고, 총장이 앞으로 어떻게 할 가능성도 현실적으로 없었다. 막말로 내가 총장에게 고개를 숙일 필요가 없었지만, 후배를 위해 먼저 법무부 장관, 검찰국장에게 간곡하게 부탁했다. 이어 자존심을 버리고 총장에게 인사부탁 전화를 했으나 다음 인사에서 황 부단장은 울산지검 차장, 김 부장은 천안지청 부장으로 발령 났다.

염○○ 의원에 대한 구속영장 청구는 국회회기 중 국회의원 면책특권에 의해 체포동의안이 부결되어 기각되었다. 국회에서 제 식구 감싸기를 한 것이다. 권○○ 의원의 경우도 영장이 발부됨이 상당했지만 법원은 수사단과 의견을 달리해 기각했다. 2022년 2월 대법원은 권○○ 의원에 대해 무죄를 선고했다.

총장은 인사명령 후 7월 19일자로 '김○○ 부장과 검사 2명 및 수사관 일부로 공소유지팀을 구성해 수사단에 잔류하고, 나머지 단원들은 전부 복귀하라'고 지시했다. 수사단원들과 오찬하는 것으로 해단식을 대신했다. 같은 날 권○○·염○○ 의원을 불구속 구공판 하였다.

강원랜드 수사단장을 맡아 깊은 상처만 입었다. 그동안 우호적으로 지냈던 검찰간부들도 나를 조직을 망친 사람으로 매도하고 원수로 생각했다. 개인적으로 친했던 권○○ 의원 역시 나를 원수로 여길 것은 뻔했다. 강원랜드 수사단장을 희망한 것도 아니고 총장의 지시를 받아 업무를 수행했을 뿐인데 나와 수사단은 검찰 내 '이단아' 내지 '반란군'으로 취급받았다. 5개월 여 동안 죽을 고생을 했지만 그 누구로부터도 "고생했다"는 말을 듣지 못했다. 생각하면 미치고 환장할 일이다. 그러나 이 모든 것이 운명이다. 운명으로 받아들였다.

・2018년 강원랜드 채용비리 관련 수사단 수사관들과 함께 찍은 기념사진이다.

부산고등검사장 승진, 퇴임

　나는 2020년 8월 부산고등검찰청 검사장을 마지막으로 27년의 검사생활을 마무리했다. 이후 서울에 있는 한 법무법인에 대표 변호사로 부임해 변호사로서의 인생을 시작했지만, 활약은 크지 않았다. 검사생활을 돌이켜 보면, 범죄를 저지른 사람을 상대하다 보니 매번 누군가를 구속시켜야 했고 잘못을 인정치 않고 반성하지 않은 일부 피의자로부터는 원망과 저주를 들어야 했다. 잠도 못자고 스트레스로 병을 얻어도 정의를 실천하는 검사직은 내가 선택했던 것이므로 최선을 다해 열심히 일했다.

　하지만 검사장으로 승진하며 검찰개혁에 기여해 보겠다는 의지와 계획은 결과적으로 실패했다. 누군가는 싸잡아 검사들을 '한통속'이라며 비난할지 모른다. 아마도 많은 국민이 그런 시각으로 검사들을 바라보고 있을 수 있다. 하지만, 제 자리에서 묵묵히 맡은 바 소임을 다하는 검사들도 많다는 점을 알아주었으면 좋겠다. 이들에 대한 국민의 응원과 지지가 대한민국을 더욱 공정한 사회로 나아가게 하는 힘이 될 것이기 때문이다.

· 2019년 7월 31일 제32대 부산고검장으로 취임했다.

퇴임인사

동지 그리고 도반 여러분!
저를 태운 검찰 열차는 오랜 세월 동안 수없는 계곡, 늪, 사막 그리고 간간이 평야를 지나 이제 저의 목적지에 도착하였습니다. 이제 저는 열차 안에 나의 청춘, 에너지, 꿈 그리고 아쉬움을 남기고 하차합니다.

저는 〈떠날 때는 말없이〉라는 대중가요 노랫말 중 "못다 한 말 가슴에 새기면서 떠날 때는 말없이 말없이 가오리다"라는 부분을 매우 즐겨 부르고 좋아합니다. 그래서 사직의 글을 남기지 않겠다는 게 평소 저의 생각이었습니다. 사실 떠나는 자가 무슨 말을 한들 그게 얼마나 의미가 있을 것입니까?

그러나 사직의 글도 남기지 않고 떠나는 것은 검찰 구성원들에 대한 예의가 아니라 해서 이렇게 몇 자 적어 봅니다. 저는 빈농의 아들로 태어나 담양공업고등학교, 전남대 법대를 졸업 후, 사법시험 준비 자금과 병역 문제를 해결하기 위해 장교로 입대, 육군 중위로 전역하였습니다.

1987년 7월 31일 전역 시 퇴직금 400만 원이 저의 전 재산이었습니다. 29세에 그 돈으로 외로운 섬 보길도에서 공부하여 사법시험에 합격, 1993년 3월 23일 서울지검 검사가 된 지 27년 4개월이 지났습니다. 아무런 배경도 없는 제가 고검장이라는 과중한 직책까지 맡게 된 것은 오로지 여러분들의 도움이었습니다. 그동안 도와주신 모든 분들께 저의 영혼을 담아 감사드립니다.

검찰 공무원이 가는 길에는 수없는 지뢰가 매설되어 있고, 부비트랩이 설치되어 있습니다. 자칫 잘못 건들거나 밟으면 사망 내지 중상입니다. 여러분들의 도움 덕분에 목숨을 잘 부지하고 떠납니다. 다시 한번 감사드립니다.

저는 검찰 조직에 네모난 발자국만을 남기고 싶었습니다. 그러나 돌아보니 네모난 것보다는 세모, 찌그러진 것 등 볼품없는 발자국이 더 많습니다. 여러분! 부탁합니다. 네모난 발자국만 기억해 주십시오.

떠나면서 몇 말씀 드리겠습니다. 훌륭한 포수, 능력 있는 포수는 창공을 날아다니는 맹금을 잡습니다. 옹졸한 포수는 잡혀 와 새장에 들어 있는 새에 대해 정체를 파악하겠다면서 털도 뽑아 보고, 뼈도 꺾어 보고, 껍질도 벗겨 봅니다. 그러다가 새를 죽이고 맙니다.

검찰이 거악을 척결하지 못하고 경찰에서 송치된 사건에 대해서 법과 원칙이라는 잣대를 가지고 너무 엄격하게 검찰권을 행사함으로써 옹졸한 포수의 우를 범하고 있는 것은 아닌지 뒤돌아봅시다.

춘추전국시대 증자의 제자 양부(陽膚)가 사사(士師, 獄을 다스리는 옥사장)에 임명되었습니다. 양부(陽膚)는 증자에게 그 마음가짐에 대해 물어봤습니다. 증자는 "上失其道 民散久矣 如得其情 則 哀矜而勿喜"라고 답변했습니다.

앞 구절을 생략하고 뒤 구절을 해석하면 "죄를 지은 각 사람이 왜 죄를 지었는지 그 정을 알게 된다면 슬퍼하고 긍휼히 여기어야지 기뻐하지 말라."라는 뜻입니다.

사건 하나 했다고 기뻐할 게 아니고 개개의 사건에 있어서 범죄의 동기와 범죄자의 처한 형편을 잘 살펴봐야 할 것입니다. 그래서 형편에 따라 검찰권을 유연하게 행사하는 게 실질적인 인권보장이라는 생각이 듭니다.

저는 몇 년 전부터 하루 2번 하나님께 기도합니다. 기도 내용은 나의 수사로 인하여 필요 이상의 고통을 받은 자들이 있다면 그들의 아픔을 치유해 달라는 것입니다. 그러면서 '왜 이런 생각을 수사검사 시절에는 하지 않았을까?' 후회합니다.

정의 실현, 진실 발견에 매몰되어 인간애가 사라진 수사를 하고 있는 것은 아닌지 뒤돌아봅시다. 대한민국은 세계 제일의 법치주의 국가, 범죄로부터 가장 안전한 나라입니다. 그리고 형사법체계는 세계 최고의 수준입니다.

여기에는 검찰이 지대한 역할을 하였습니다. 요즘 수사 관련 법률 개정 등으로 검찰 조직원들의 사기가 떨어진 게 참으로 가슴 아픕니다. 너무 기죽지 말고 지금까지 국가 발전, 사회 안정에 기여한 점에 대해 자긍심을 잊지 맙시다.

그리고 아무리 여건이 어려워도 인권보장, 정의 실현, 진실 발견이라는 검찰의 사명을 충실히 수행합시다. 이것은 누가 알아주고 말고의 문제가 아니라 우리 검찰인에게 주어진 숙명입니다. 끝으로 검찰 조직의 발전, 여러분 가정의 행복, 여러분의 건승을 기원합니다. 굿바이.

2020. 8.

항구도시 부산에서 무공 양부남

※ 2020년 8월 부산고등검찰청 검사장으로 공직생활을 마무리하며 직원들에게 보낸 퇴임인사

III — 제2의 인생, 서막을 열다

Q. 평생 검찰에서 특수부 검사로 일했는데, 더불어민주당 법률위원장을 맡으며 사실상 정치에 입문했다. 법조인의 길을 걷다 정치권에 입문하게 된 계기는 무엇인가?

A. 2020년 8월 부산고등검사장을 끝으로 검찰에서 퇴직했다. 검찰 조직에서는 보통 후배가 총장을 하면 더 있을 수 없다. 서울에 있는 한 법무법인 대표 변호사로 일을 시작한 것이 2020년 10월이다. 동생이 대표 변호사로 있어서 가게 된 것이다. 변호사를 시작한 지 얼마 되지 않아 윤석열 당시 검찰총장이 총장직을 그만뒀다. 나도 총장 후보가 되었으나 최종적으로 안 됐다.

그러던 차에 지인의 소개로 이재명 경기도지사를 만났다. 이야기를 나누다 보니 뜻이 잘 맞아 의기투합하게 되었다. 살아온 삶의 궤적이 질과 양에서 미치지 못하지만, 흙수저 출신의 마이너 리거로 살면서 겪은 온갖 장애와 한계, 차별에 서로 깊이 공감했던 것이다.

이 지사가 대선후보가 되자 캠프에서 법률자문을 맡아 달라고 요청해 2021년 12월 민주당 대선후보 법률지원단장으로 합류하며 자연스럽게 정치권에 들어서게 되었다. 선거가 끝나고 이 지사가 당 대표로 선출되면서 2022년 9월부터 더불어민주당 법률위원장을 맡고 있다. 자문에 그치지 않고 직접 뛰기로 결심한 것은 윤석열 정권의 폭정, 실정을 보고 더 이상 방관해서는 안 된다고 생각했기 때문이다.

정권이 바뀐 지금 우리 사회를 걱정하는 국민이 많다. 특히 '수사와 재판이 국민정서에 부합되는가', '우리 사회가 공정한가'에 대해 많은 사람이 '그렇지 않다'라고 인식하고 있다. 힘 있는 자 앞에서 칼날이 오그라들고 힘 있는 자에게는 무죄를 선고해 주는 현 정부의 수사와 재판을 보면서 우리 사회가 이대로 가서는 안 된다고 생각했다. 공정한 사회가 되기 위해서는 국민상식에 부합한 수사와 재판 제도의 틀을 만들어야 한다. 나아가 민주당이 정권을 다시 찾아와야 한다. 공정한 사회, 정권 재창출을 위한 초석 역할을 하고자 정치에 도전하기로 결심했다.

특히 국민의 삶, 삶의 질과 관련이 깊기 때문에 정치가 바로 서야 한다고 생각한다. 우리나라는 선진국 대열에 올라섰지, 아직 선진국이라고 볼 수 없다. 선진국으로 도약하는 데 있어 경제도 중요하지만, 공정한 사회를 위한 시스템을 구축하고 제대로 작동하도록 끊임없이 보완하고 살피는 일을 정치가 해야 한다고 생각한다. 마이너 리거들도 능력에 따라 얼마든지 제대로 평가받는 공정한 사회를 만들고 싶다는 것이 내 꿈이다.

• 광주를 방문한 이재명 민주당 대표와 함께 기념사진을 찍었다.

· 2022년 이재명 민주당 대표와 함께 5·18 기념공원 내 원형광장에서 광주시민과 만남의 자리를 가졌다.

· 이재명 민주당 대표와 함께 5·18 광주민주화운동 기념식에 참석했다.

Q. 양부남 고검장 하면 '이재명의 호위무사'라는 수식어가 따라 붙는다. 성남FC, 대장동, 백현동 등 여러 사건의 사법대응을 맡고 있는데, 이재명 대표에 대한 구속영장 청구가 부적절하다고 주장했고 체포 동의안을 부결시켜야 한다고 주장했다.

A. 법적 조언을 해 주는 한편으로, 이 대표에 대한 수사를 '정적 죽이기'로 규정하고 방송과 언론에 직접 나가서 여러 차례 부당성을 언급했다. 또 체포동의안 부결도 계속 주장했다. 구속영장 청구는 범죄혐의가 소명되어야 하고 증거인멸 및 도주우려가 있어야 한다. 제1야당 대표가 도주우려가 있겠나? 일거수일투족이 다 공개되고 있는데 설득력이 없는 말이다.

성남FC는 전형적인 정치적 사건이고 자치단체장의 적극행정으로 볼 수 있다고 여러 차례 강조했다. 대가성이 있고 없고는 법정에서 가려질 문제이나, 우리는 없다고 보고 있다. 부산, 제주 같은 다른 지역의 동일한 사안은 문제 삼지 않으면서 유독 이재명 대표만 문제 삼는 것이 잘못되었다는 입장을 견지하고 있다.

백현동 사건과 대북 송금 사건이 마지막 관문인데 백현동 사건의 경우는 박근혜 정부의 요구로 해 준 것이고, 대북 송금 사건에 대해서는 결정적인 증인인 이○○의 진술이 오락가락해 신빙성이 없는 상황이다. 어떻게 해서든지 체포 동의안이 부결되어야 한다고 주장했으나 결국 가결되었다. 대표가 불체포 특권을 포기한다고 이야기했고, 일부 의원도 불체포 특권포기에 서명하고 찬성했다. 하지만, 불체포 특권이 왜 만들어졌는지 그 역사를 생각해 보라. 행정부를 견제하는 유일한 수단이자 헌법이 보장하고 있는 부분인데 이것을 스스로 포기했다는 것은 두고두고 아쉬울 일이다.

지금까지 민주당은 이재명 수사는 무리한 수사라고 주장해 왔다. 무리한 수사라고 주장했으면 당연히 정당치 않는 영장청구는 부결시켜 줘야 한다. 무리한 수사라고 주장해 놓고 체포동의안을 가결시켰다는 것은 논리에 맞지 않다. 개인적으로는 당론채택이 옳았다고 본다. 당 대표의 구속 여부가 달린 사안을 당론으로 채택하지 않으면 무슨 사안을 당론을 채택한다는 말인가. 이것은 이재명 대표 개인의 문제가 아니라 야당을 지키고 민주주의를 지키는 문제라고 생각한다. 전시에는 살아남는 것이 목표다.

• 2022년 10월 양부남 더불어민주당 법률위원장이 용산 전쟁기념관 윤석열 대통령 집무실 앞에서 1인 시위를 하고 있다.

Q. 민주당 법률위원장으로 임명된 지 1년이 지났다. 주로 어떠한 일을 하고 있는지 구체적으로 설명해 달라.

A. 2022년 9월 민주당은 대통령선거 당시 이재명 대선 캠프 법률지원단장으로 활동한 나를 법률위원장으로 임명했다. 법률위원장은 당에서 법률적으로 대응해야 될 문제들을 검토하고 대응하는 자리인데, 이재명 당 대표 수사를 비롯해 소속 의원들에 대한 허위사실 유포 등 야당탄압과 관련된 현안들이 많아 이에 집중하고 있다.

일주일에 3번 정도 당 최고위원회의에 참석하고, 사안에 따라 입장문을 발표하거나 보도자료를 배포하기도 하고 기자회견을 열기도 한다. 이재명 당 대표에 대한 수사에 대해 사법적 조언을 하는 한편, 방송이나 언론에 직접 출연하거나 인터뷰하며 '정적 죽이기'를 위한 수사로 규정하고 부당성을 언급하며 1인 시위 등 정권에 대한 투쟁을 계속 하고 있다.

사실 이재명 대표의 사법문제를 당 현안으로 볼 것인지, 개인 상황으로 볼 것인지 말이 많았다. 대표는 "당에서 지원해 달라"고 요구하지 않았다. 오히려 "내 문제는 내가 알아서 할 테니, 당은 민생 중심으로 가라"고 주문했다. 하지만 당 대표에 대한 수사가 야당탄압, 민주주의 탄압으로 이어지고 있기에 별개의 사안으로 보기 어렵다는 것이 내 생각이다.

또 나에게 민주당 법률팀 사령탑으로서의 역할을 기대하는 국민들이 있다. 사법 리스크라고 표현하며 흠집 내고 깎아내리지만 나는 야당에 대한 정치탄압으로 보고 법률위원회에서 적극 방어해야 한다고 본다.

최근 법률위원회는 대북송금과 관련, 김○○ 회장이 6개 사업권을 부여받는 북한 관련 경제협력 사업 합의서를 작성한 사실, 임직원들을 이용한 수십억 상당의 달러화 해외 밀반출 정황까지 확인하고도 수사를 지시하거나 진행하지 않은 수원지검 검사들을 남북교류협력법, 특가법 관련 직무유기로 고위공직자범죄수사처에 고발장을 제출했다.

코로나와 기후위기, 전쟁 등이 이어지며 전 세계적으로 위기상황인데 여야가 대화와 협력으로 힘을 모아 민생을 해결하기보다 고소, 고발이 난무하는 상황이 안타깝다. 하루속히 대통령과 여당이 이 대표를 국정 운영의 파트너로 인정하고 허심탄회하게 국정을 논의하기를 기대한다.

Q. 검사생활을 30년 가까이 했고, 이제 막 정치에 발을 들였는데 어떤가? 차이점이 있는가? 정치인이 된다면 무엇을 하고 싶은가?

A. 검사는 수사할 때 피의자를 필요한 시간에 자신의 공간으로 불러 조사한다. 통보, 수사, 고지, 결정 등 모든 단계에서 사안을 처리할 때 본인 스스로 한다. 자기 주도적으로 업무를 수행하기 때문에 일방적인 셈이다. 그런데 정치는 일방적으로 하면 안 된다. 쌍방향이다. 모든 결정도 쌍방이고 내용도 쌍방, 처리하는 방식도 쌍방이어야 된다. 정치는 결국 조율이지 않나. 서로 다른 부분의 의견 차이를 좁히고 타협점을 모색하고 공동선을 추구하기 위한 최선의 방법을 찾아가는 것이 정치라고 생각한다.

또 다른 점은 검찰이 하는 일은 모두 과거가 대상이고 회귀적이라는 점이다. 이미 지나 버린 일에서 무엇을 잘했느냐, 잘못했느냐 따지는 것이지 미래를 어떻게 하겠다는 것이 아니다. 그런데 정치는 앞으로 우리가 어떻게 하겠다는 미래 지향적인 것에 무게를 둔다. 내용과 방향에서 굉장히 큰 차이가 있다는 걸 느꼈다. 가장 중요한 차이는 정치인이 슈퍼 '을'이라는 점이다. 검사로 살았던 삶에 대해 매우 반성하고 되돌아보게 되었다. 옛날보다 겸손해지고 친절해졌다. 예전에는 마케팅, 홍보 전화가 걸려 오면 무조건 "필요 없다"며 단호하게 끊었는데, 이제 상황이 바뀌어 권리당원에게 나를 알리는 전화를 걸다 보니 그 어려움을 알게 되었다. 지금은 끝까지 경청하고 부드럽게 응대하고 있다.

국회의원 선거를 준비하면서 어떤 일을 하고 싶은지 구체적으로 고민하고 있다. 법사위 활동을 통해 현재 불합리한 제도를 보완하고 싶다. 그간 이재명 대표 수사에 대한 부당함을 지속적으로 언론에 제기하다 보니 정권의 미움을 받아 변호사법 위반으로 압수수색을 당했다. 사람을 한 번도 부르지 않고 피의자로 입건한 것이다. 이것이 적절한가. 누군가가 고소·고발한 경우는 당연하지만, 소위 '인지수사'라는 것으로 불러 보지도 않고 덜컥 입건한 것은 잘못되었다. 이 같은 제도를 법률적으로 검토, 제한하는 개선방안을 강구하고자 한다.

아직 가다듬어지지 않았지만 지금 생각하는 것은 수사의 타임스케줄, 즉 수사 기간을 정하는 것이다. 지금은 수사가 개시되면 종료 시점이 정해진 바가 없기 때문에 1년이고 2년이고 무한정 장기화될 수 있다. 실질적으로는 아무것도 안 하고 방치한 채 잡아만 놓고 있는 것이다. 피의자 입장에서는 그 기간 정신적 스트레스 외에 생활의 어려움도 발생할 수 있다. 사건 내용이나 죄명에 따라 수사 기간을 정해 일정 기한이 지나면 잠정종료, 검찰송치 등 프로세스를 구축해야 한다.

또 모든 범죄는 무죄추정의 원칙에 따라가야 하는데, 지금은 범죄자라고 단정 짓고 수사하기 때문에 억울한 사람이 나올 수밖에 없는 구조다. 수사를 하다가 죄가 아니라는 것을 알게 되더라도 자가당착에 빠지기 때문에 무죄라도 내보내기 어렵다. 수사의 사법적 시스템이 체계화되어야 국민이 안정적인 삶을 영위할 수 있다.

· 27년간의 검사 생활을 마무리한 뒤 정치인으로 새로운 인생을 시작하며 지역의 다양한 목소리를 듣고 있다.

· 금호동에 문을 연 변호사 사무소에서 법률 상담을 해 주고 있다.

제2의 인생, 서막을 열다

Q. 소위 엘리트 집단이라는 점 때문에 맹목적으로 추종하는 세력도 있지만, 반대로 '그들만의 리그'를 구축하고 국민 위에 군림하고 있는 검찰에 대해 불신하는 국민들도 많다. 검사 출신으로 선거에 도전하는 것을 유권자인 국민이 우호적으로 바라보지 않을 수 있는데 어떻게 대처할 것인가?

A. 30년 가까이 검사 생활을 했다. 내 정체성이다. 부정할 수 없다. 고검장까지 하고 퇴직했지만 검사생활 내내 고난의 연속이었고 차별받았다. 검사로서 승승장구했다면 오늘의 나는 없었을 것이다. 수사를 강행하다 조직 내 비호세력에게 찍히고 상부로부터 미움받아 인사 때 좌천되기도 했다. 정의감 하나로 성실하게 주어진 업무를 최선을 다해 수행했으나 돌아온 것은 비난과 수모였다.

'모든 검사가 똑같다.' 또는 '그럴 것이다'라고 한 묶음으로 평가받는 것은 억울하다. 나는 '권력의 시녀'라는 비난을 받음에도 불구하고, 공정한 사회를 만들고 정의를 실천하기 위해 노력하는 검사들이 더 많다고 생각하고 믿는다. 일부 정치검사를 제외한 대부분의 검사들은 진실을 밝히려고 열심히 노력하고 있다.

검사로 일했다는 것이 남보다 우월한 강점도 아니지만 치명적인 단점도 아니라고 생각한다. 내부에서 검찰개혁을 실현하지 못한 것이 아쉽지만 27년 검사생활 동안 부끄럽지 않게 일했다. 적당히 타협하지 않았으며 대충 넘어가지 않았다. 포기하고 싶을 때도 많았지만 비겁하게 회피하지 않았다.

배경이 없어 조직에서 한 단계 올라갈 때마다 많은 스트레스와 고통을 겪었다. 그때마다 나는 치열하게 고민하고 최선의 답을 찾기 위해 노력했다. 이재명 대표와 함께함으로 인해 수사를 받고 명예를 잃고 인격적으로 살인당하고 있는 현재도 고통스럽다. 활동도 위축되었다. 정치를 하면서 얻은 것은 상처뿐이다. 하지만 내 신념 때문에 이 자리까지 왔으니 끝까지 이겨 낼 것이다. 이 점을 잘 부각시키고 차별화하기 위해 노력해야 할 것 같다.

정치에 신물이 났거나 피로감을 느끼는 지역민이 많다는 것을 잘 알고 있다. 또 현재를 위기상황으로 인식하는 국민들도 많다. 정권을 되찾기까지 버티기 위해서는 총선에서 민주당이 압도적으로 승리하는 것이 최선이다. 유권자는 한 계단 한 계단 밟으며 성실하게 살아온 후보자를 잘 분별해서 뽑고, 국회의원이 된 사람은 정쟁에 몰두하기보다 대한민국 미래를 위해 노력해야 한다. 현명한 국민들이 잘 판단해 주실 것이라고 믿고 정진하겠다.

Q. 검사로서의 생활이 고통스러웠다고 하지만, 특수통으로 불리며 우리 사회 굵직한 사건들을 맡았다. 가장 기억에 남는 사건이 있나?

A. 초임 시절 맡았던 지존파 사건부터 대선자금 수사, 대구지하철 화재 참사, 원전비리, 전두환 사자명예훼손, 강원랜드 사건을 들 수 있겠다. 사실 강원랜드 사건은 나에게 큰 상처다. 수사팀을 꾸린다는 뉴스를 보고 '누가 갈지 모르겠지만 머리 아프겠다'라고 생각했다. 결과적으로 내가 그 사건을 맡음으로써 평생 몸담았던 검찰 조직과 대척점에 서게 되었다. 관계가 나쁘지 않았던 선후배들과도 소원해졌다.

과거 기사를 찾아보면 당시 상황들을 알 수 있을 것이다. 아마도 그것 때문에 내가 민주당까지 오게 된 것일지도 모른다. 인간적으로 친분이 있었던 관계도 강원랜드 사건을 맡은 이후 깨졌다. 나에 대한 비난은 참을 수 있었으나 함께 고생했던 후배들에게 미안함이 컸다. 책 한 권을 쓸 수 있을 만큼 하고 싶은 말이 많지만, 지금은 참을 수밖에 없다.

지역에서는 뭐니 뭐니 해도 전두환 사자명예훼손죄 고소 건을 들 수 있겠다. 이미 민주화운동으로 정의 내려지고 국가지정 기념일이 되었지만 일부 보수 세력에 의해 지속적으로 부정당하는 5·18 논란은 마무리되어야 한다. 수많은 아시아 국가에서 민주주의 수호를 위한 시위를 하며 〈임을 위한 행진곡〉을 부르는 마당에 아시아 민주주의를 이끌었다고 평가받는 대한민국에서 이 같은 소모적인 논쟁을 벌이는 것은 매우 무의미하다.

그 때문에 광주지검장에 부임하자마자 지지부진하던 전두환 사건의 신속한 진행을 독려해 유죄를 받아 낸 것이 기억에 남는다. 당시 고소장이 접수되었지만 수사가 진행되지 않고 있었다. 대검 형사부는 '사실의 적시가 없어 명예훼손죄가 성립되지 않는다'는 입장이었다.

공안부장에게 '사실의 적시에 해당됨'을 설명하도록 하고 "무죄가 되면 내가 책임지겠다"는 뜻을 대검에 전달했다. 이어 2018년 1월 초 고의가 인정된다는 보고서를 총장에게 보냈다. 그 후 우여곡절 끝에 광주지검은 2018년 5월 전두환을 허위사실 적시 사자명예훼손죄로 기소했다. 결국 전두환이 사망하기 전 이루어진 1심 판결에서 유죄 판결을 받을 수 있었다.

Q. 퇴임 후 변호사로서의 삶은 어땠나?

A. 실패한 변호사다. 변호사로서 빵점이었다. 변호사는 영업인데, 나는 영업이 안 되는 사람이다. 결국 변호사 체질이 아니어서 정치에 뛰어든 것이다. 보통 고검장까지 지낸 변호사는 곧바로 대형로펌에 가는 것이 제한되어 있지만 전관예우 때문에 수임료가 높다. 성공보수는 더 많다. 고검장까지 하고 나처럼 돈을 못 번 변호사는 없을 것이다. 몇 사건을 맡았지만, 크게 성과를 거둔 것은 없다. 한번은 고소고발사건을 맡았는데 무혐의처분을 받았다. 빚을 내서 돈을 가져왔다기에 다시 돌려준 적도 있다.

2022년 10월 서울 로펌을 정리하고 광주 금호동에 변호사 사무실을 냈다. 민주당 법률위원장을 계속 맡고 있기 때문에 일주일에 세 번 당 최고위원회에 참석하고 있다. 새벽 첫 기차를 타고 올라가 여러 현안을 토론하고, 법률위원장이니까 당의 법률적 문제에 대해서 최고위원들하고 어떻게 대응하면 좋을지 논의한다.

이렇게 일주일 중 절반을 서울에서 활동하니 정치 쪽 비중이 커져 광주에서는 사건을 맡기보다 주로 상담 정도 해 주는 수준이다. 서구는 지역구 양○○ 의원이 민주당에서 제명처분을 당하면서 지역위원장 선거가 있다고 해서 서구에서 활동을 시작했다. 그런데 지역위원장 선거가 없어지고 직무대행 체제로 가게 되면서 계속 눌러앉았다. 지역민을 만나며 탄약고 이전, 풍암호수 매립 등 현안도 듣고 행사가 있으면 참석해 얼굴도 알리며 지내고 있다.

 서구에서 한 1년 정도 활동하며 지역민을 만나다 보니 지역 정치지형이 춘추 전국시대처럼 매우 복잡하다는 것을 느낀다. 이 지역구에서 당선되었던 국회의원이 3선에 성공한 사례가 없었기 때문이다. 주민들이 매우 진보적인 편이고 다른 구에 비해 젊은 유권자가 많다. 민주당 공천을 받아도 더 노력하지 않으면 꼭 당선된다고 볼 수 없다. 또 당선되더라도 재선이 보장되지 않고 가차 없이 바꾸는 유권자의 힘을 보여 주는 지역인 것 같다.

· 2023년 1월 광주 서구 금호동에 변호사 사무실을 개소했다.

・2023년 여름 후쿠시마 오염수 해양투기 반대 서명 캠페인을 금호동에서 펼쳤다.

Q. 무공(無空)이라는 호가 있다고 들었다. 무슨 의미인가?

A. 우리 집 뒤에 산책하기에 좋은 산이 있다. 집에서 5분만 걸어가면 바로 산을 오를 수 있다. 구름다리도 있고 체육시설도 있고 한 바퀴 돌면 한 시간 남짓 소요되는데 무리 없이 걷기 적당한 높이의 산이다. 가장 번잡한 동네에 있지만 산에 오르면 고즈넉함을 느낄 수 있다. 주말마다 광주 집에 내려올 때면 매번 산에 오르곤 했다. 혼자 산을 타면서 고민거리를 정리하고 문제해결에 필요한 지혜를 얻곤 했다. 산은 듬직하고 과묵한 나의 친구인 셈이다.

어느 날 산 정상에 올라 쉼터 의자에 앉아 살아온 날을 돌아보았다. 검사가 되기 전에는 삶의 질곡에서 벗어나려고 몸부림쳤고, 검사가 된 후에는 과중한 업무부담, 시간에 쫓기는 일상, 부장이 된 후에는 1년에 한 번씩 있는 인사로 인한 스트레스 등으로 마음이 편한 적이 없었다. 앞으로 남은 인생도 늘 마음이 편하지 않을 것 같은 생각이 들었다. 하나님을 믿는다고 하면서도 마음이 편하지 못하다는 것은 신앙적으로도 문제가 있다는 생각이 들었다.

'어떻게 살면 남은 세월, 지금보다 마음 편하게 살 수 있을까?'라는 질문이 머리에 떠올랐다. 나는 마음이 편하지 못한 근본적 원인을 곰곰이 추적해 봤다. 욕심이었다. 출세, 명예 등에 대한 욕심 때문에 결국 스트레스를 받고 있는 것이었다. 너무나 단순하고 누구나 다 아는 사실이다. 어떻게 하면 욕심을 극복할 수 있을까?

이때 나의 머릿속에 예수님의 말씀이 떠올랐다.

"너희는 먼저 그의 의와 그의 나라를 구하라."
"마음이 가난한 자는 복이 있나니 천국이 저희 것이라."

그렇다. '나의 마음속에서 삿된(邪) 것이 없어 하나님의 나라와 의를 구하고, 마음을 비워, 마음을 가난하게 한다면 행복할 것 아닌가?' 하는 생각이 들었다.

즉시 그 자리에서 '그와 같이 살겠다'라는 의미를 담아 호를 지었다. '무사심공(無邪心空)'. '삿됨이 없고 마음을 비웠다'는 의미다. 이 4개의 한자 중 맨 첫 글자 '무(無)'와 맨 뒤 글자 '공(空)'을 따서 '무공(無空)'으로 호를 지었다. 짓자마자 한학에 조예가 깊은 의제에게 전화를 걸어 내가 지은 호를 알려 줬다. 의제는 매우 잘 지었다며 응원해 주었다. 그 후 나는 이 '무공(無空)'을 호이자 나의 좌우명으로 삼고 있다.

Q. 색소폰을 부는 검사로 알려졌다. 앨범도 2개를 냈다. 색소폰은 언제부터 연주하게 된 것인가?

A. 어렸을 때부터 할 줄 알았던 것은 아니다. 부장 정도 지위에 오르면 날마다 야근을 하는 것은 아니기 때문에 저녁에 시간적 여유가 있다. 계속 혼자 지내다 보니 뭔가 몰두할 것이 필요했다. '음률에 울적하고 외로운 기분을 실어 보겠다'는 마음에 2006년부터 색소폰을 배우기 시작했다. 당시 선생님이 "이렇게 음악적 재능이 없는 사람이 또 이렇게 열심히 하는 것은 처음 봤다"고 말할 정도로 열심히 배웠다.

악보도 볼 줄 몰랐는데 임지를 옮길 때마다 학원에 다니며 시간과 노력을 투자했다. 해남지청에서 근무할 때는 시골이라 학원이 없었다. 지역에 적응하면서 지내다 보니 다리 밑에서 혼자 악기를 연습하는 사람이 있어서 가끔 가서 같이 연주하곤 했다. 그 사람은 다른 악기는 다 다룰 줄 아는데 유일하게 색소폰만 연주하지 못했다. 지금 생각하면 웃기지만 2008년에 첫 CD를 냈다. 그 후로 로하스 합창단 활동을 하면서 간간히 독주를 선보이곤 했다.

부산고검장 시절이던 2020년에 2집 음반을 냈다. 당시 유관단체 간부에게 지도를 받고 있었다. 그 간부는 경찰악대 출신으로 색소폰 연주자였는데 내 연주를 듣더니 음반을 내자고 제의했다. 전문가가 음반을 내보자고 하니 한번 내 볼까 하는 생각이 들었다.

음반을 내기로 마음먹고 나니 선곡과 연습이 필요했다. 저녁 시간이 비교적 여유로워졌다고는 하나 아주 부지런해야만 연습 시간을 낼 수 있었다. 연주 실력은 연습과 비례하기 때문에 집중이 필요했다. 어느 정도 완성되면 저녁에 1곡씩 녹음하는 식으로 음반을 제작했다. 12곡을 넣기로 했는데 내가 애창하는 〈비 내리는 고모령〉, 〈보고 싶은 얼굴〉, 〈떠날 때는 말없이〉 등을 넣었다. 당초 〈보고 싶은 얼굴〉은 선곡되지 않았으나 마지막에 부모님을 생각하며 추가해 2집은 13곡이 실렸다.

무슨 운명의 장난인지 마지막 곡으로 〈비 내리는 고모령〉을 녹음하기로 한 날 사표를 썼다. 마음속으로 준비하고 있었지만, 막상 결정하고 나니 마음이 심란해 녹음하는 데 NG가 계속 났다. 퇴임식 날, 직원들은 내 앨범 가운데 〈떠날 때는 말없이〉를 무한 반복으로 틀어 주었다. 가슴이 뭉클했다. 색소폰뿐 아니라 대금, 클라리넷도 연주한다. 색소폰은 단조로웠던 내 일상을 더 풍요롭게 해 주었기 때문에 잘 배웠다고 생각한다. 지금도 가끔 무대에 올라 재능기부하고 있다.

· 색소폰을 연주한 지 20년이 넘었다. 2장의 앨범을 내고 지금도 재능기부로 이곳저곳에서 연주 활동을 하고 있다.

Q. 마지막으로 가족 이야기를 빼놓을 수 없다. 이 책에도 아내 이야기가 잠깐 나오는데 검사 가족의 삶은 어떨지 궁금하다.

A. 집사람은 결혼하기 전부터 치과의원을 운영하고 있었다. 사법연수원에 있을 때 만나 결혼했다. 고등학교 때 육사를 지원했다가 충치 때문에 낙방한 일이 있었는데, 치과의사를 배우자로 맞이하게 되었으니 내 운명과 치아는 깊은 관련이 있는 것 같다. 평생의 반려자로 만나 함께 인생의 희로애락을 나누며 살아가고 있는 집사람에 대한 고마움은 시간이 갈수록 커진다.

집사람은 일하며 아이들을 혼자 키우다시피 했다. 요샛말로 독박육아를 한 셈이다. 그래도 나를 원망하지 않고 항상 든든한 지원군이자 버팀목이 되어 주었다. 집사람 덕분에 흔들리지 않고 소신껏 일했을지도 모른다. 집사람은 내가 퇴직해서 변호사를 하게 되면 은퇴하겠다는 꿈이 있었다. 그런데 변호사는 제대로 하지도 못하고 정치를 한다고 하니 병원을 그만두지 못하고 계속 일해야겠다고 하더라. 그 말을 들으니 가슴이 아팠다.

아들이 둘인데, 검사를 제일 싫어한다. 발령지 따라 전국을 돌아다니며 평생 지내다 보니 가족과 함께한 시간이 거의 없었다. 광주에서 근무할 때도 오밤중에 들어가니 애들 보기가 힘들었다. 어느 순간 세월이 흘러갔고 어느 순간 눈 떠 보니까 애들이 훌쩍 자라 있었다. 다정다감한 가정생활을 못 해 본 것이 못내 미안하다.

큰 아들은 공대를 나왔지만 싱어송라이터로 활동하고 있다. 나도 취미로 색소폰을 불고 즐기는데 내 안에 잠재된 음악적 재능을 큰 아들이 이어받은 것 같다. 자기 나름대로 열심히 하고 있다. 얼마 전에는 내 홍보영상을 만들었는데 배경음악으로 아들의 음악을 사용했다. 반응이 좋았다. 둘째 아들은 로스쿨을 준비하고 있다. 무엇을 하라, 하지 마라 하고 간섭하기보다는 자식들의 선택을 존중하고 지지해 주자는 입장이다.

그동안 정신적으로 시간적으로 여유가 없는 삶을 살았다. 소위 엘리트 집단에서 공고에 지방대 출신이라는 불리함을 능력으로 증명하기 위해 부단히 노력했다. 제대로 해내야 한다는 욕심과 강박이 컸던 것 같다. 완벽하게 업무를 수행하려다 보니 불도저같이 앞만 바라보며 살아왔다. 가족은 후순위로 밀릴 수밖에 없었다. 언제가 될지 모르겠지만 가족과 여유 있게 긴 여행도 한 번쯤 가고 싶다.

IV — 만화로 보는 양부남

웹툰_신광재 글

웹툰1

공고 출신
최초 고검장
'양부남'

부산고등검찰청 대회의실

만화로 보는 양부남

웹툰2

대한민국을 흔든
'지존파'
사건을 맡다.

지존파 사건은 1993~4년 부자를 증오해
범죄를 계획하고 5명을 납치, 살해,
암매장하거나 사체를 소각한 사건이다.

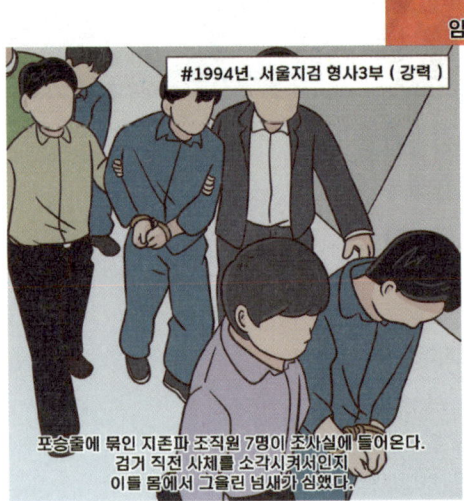

#1994년. 서울지검 형사3부 (강력)

포승줄에 묶인 지존파 조직원 7명이 조사실에 들어온다.
검거 직전 사체를 소각시켜서인지
이들 몸에서 그을린 냄새가 심했다.

만화로 보는 양부남

만화로 보는 양부남

강원도에 살았던 백병옥의 부모는 재판이 있을 때마다 참석하였다. 아들에게 사형선고가 떨어지자, 그 자리에서 주저앉고 통곡하였다.

지존파 조직원들을 조사한 양부남은 가난했기에 사회로부터 당해야 했던 이들의 서러움과 좌절감을 이해했다.

하지만 이들의 상처가 면죄부가 될 수 없었다. 범죄의 잔혹함과 살해당한 피해자들을 위해 '사형'을 구형했다.

웹툰3

공고생과 상고생

웹툰4

양부남의 열정

이날 이후 형사3부 검사와 수사관들은 지칠 줄 모르고 일했다. 2008년 연말, 대검에 전국 최고 형사부 '왕중왕'으로 광주지검 형사3부를 선정하였다.

웹툰5

색소폰을 부는
양부남

모든 검사가 희망하는 중앙지검 특수부장 양부남(50세)
그러나 검찰 지휘부와 마찰로 힘든 시간을 보냈다.

만화로 보는 양부남

에필로그 —— 내가 아는 양부남

의좋은 삼형제 자성예언의 실천가

남성우(전 담양공고 교사, 현 전남유도대학학장)

1980년 담양공고 교사 시절, 양부남은 내가 맡은 반의 실장이자 전교 학생회장이었다. 동향의 초·중학교 후배이자 고등학교 스승으로 이어진 인연에 곡진한 사연까지 더해지니 그에 대한 애정은 더욱 절절하다. 그는 영특함이 범상치 않았으며 예절도 남달랐다. 시비를 가름에 일호도 벗어남이 없어 동급생들의 신뢰를 한 몸에 받았다.

당시 광주에서 담양공고로 부임한 어느 교사가 수업 시간에 "농촌 학생은 큰 목표 달성이 불가능할 것"이라는 뉘앙스의 말을 했다. 그때 양부남은 평소의 그답지 않게 강하게 항의하며 불만을 표시했다. 50년 전 학생이 교사에게 항의하고 불만을 드러내기는 쉬운 일이 아니었다. 우리 속담에 '말한 대로 이루어진다'는 말이 있다. 이러한 자기 암시와 자성예언은 일상의 정신 활동에 영향을 미치고 마음의 심층을 움직인다. 양부남은 고교 시절에 이미 큰 꿈을 그리고 있었다. 매사에

긍정적이고 진취적이며 목표 지향적이었다. 고등학생 시절 수업 시간에 항의하고 자기주장을 폈던 그때와 한결같은 생활자세와 신념을 지금도 보여 주고 있다.

고향 담양 근동에서는 의좋은 천재 삼 형제 이야기가 자랑스럽게 회자되고 있다. 양부남 위원장 형제의 이야기다. 어려운 농촌 생활에서도 자녀교육 일념으로 살아오신 부모님 이야기와 함께 장남 광섭은 중등학교 교장, 차남 양부남은 검사, 삼남 경희는 검사와 변호사로 결실을 맺은 신화 같은 이야기다. 양부남은 중·고등학생 시절 4km가 넘는 거리를 6년간 매일 걸어서 통학하였다. 집에 오면 농사일을 거들면서 중·고등학교를 수석으로 졸업하였다. 그는 이런 환경에서 성장하며 사람의 도리와 세상의 질서를 체득하였고 육군사관학교와 전남대 법대에 합격하였다. 농촌 고등학교에서는 보기 어려운 기적 같은 경사였다. 진로의 갈림길에서 법대를 선택하게 된 운명을 그는 하느님의 섭리로 믿고 있다.

양부남은 항상 겸손하고 소탈하며 꾸밈없는 진솔함으로 많은 사람과 어울리기를 좋아한다. 값진 백자나 빛나는 크리스털보다 질그릇 같은 묵직함을 좋아하고, 온실의 화초보다는 들풀의 청초함으로 사람을 반긴다. 시간이 날 때면 색소폰을 들고 친구들과 어울리기도 하고, 고향 교회를 찾아 할머니들의 두 손을 어루만지기도 한다. 양 위원장은 동료 직원과 소탈하게 대화하고 진로상담을 하였으며, 사람을 귀하게 여겼고 후배들에게는 꿈과 희망을 일깨워 준 상사이기도 하였다. 같은 사무실 직원의 멘토가 되어 사법고시에 합격하도록 한 아름다운 일화는 두고두고 귀감이 되는 미담이다.

양 위원장이 사법고시에 합격하고 임관된 이후 나는 그가 하는 일에 많은 관심을 갖게 되었고, 그의 인품과 성실함의 대가가 반드시 주어지기를 기도하는 마음으로 지켜보았다. 초·중·고교를 시골에서 나왔고 지방대학 출신이라는 조건은 그가 소신을 갖고 근무하며 경쟁에서 헤쳐 나가기에 결코 쉽지 않다. 그러나 그는 온갖 악조건을 극복하고 성장하였다. 자연이 가르쳐 준 질서를 배우고 천명을 중히 여기는 그였기에 가능했을 것이다.

그는 어느 날 '이망 일불망(二忘一不忘)'의 가르침을 새기면서 제2의 인생길을 걷겠다고 이야기한 적이 있다. 여기서 이망은 품은 한을 잊어버리는 것과 남에게 베풀었던 일은 깨끗이 잊어버리는 것이고, 일불망은 남으로부터 입은 은혜를 잊지 않겠다는 것이다. 배은망덕도 모자라 은혜를 원수로 갚는 일이 횡횡하는 현실을 그는 직시하는 것 같았다.

나는 저간의 언론 보도를 보면서 그리스 신화 속의 클로토(Clotho) 여신을 생각해 본다. 클로토가 한 생명의 운명을 점지하듯이 권력의 사용은 개인과 국가의 운명을 좌우할 수 있는 것이다. 통상 권력은 죄의 유무를 판단하고 그에 상응하는 신상필벌을 원칙으로 한다. 만약 공이 없는 사람에게 상을 주고, 죄가 없는 사람을 옭아매어 벌을 준다면 어떻게 되겠는가? 양 위원장은 패기 넘치는 군복무 시절 학사장교로 맹호부대의 전차부대 중대장으로 근무하면서 국가의 소중함과 부모형제에 대한 고마움이 씨줄과 날줄로 얽혀 아름다운 베를 짰을 것이다. 국토방위에 전심전력하며 호국용사의 결전 현장체험도 그의 성장에 큰 교훈이 되었으리라.

양 위원장의 사법고시 합격은 생사를 넘나드는 고난의 역정에서 인간승리였다. 이후 검찰의 최고 정점에 이를 때까지 끊임없이 아름다운 수를 놓으며 비단을 짰으리라. 그 세월이 자그마치 30년이다. 그 비단을 짜느라 잠도 설치고 끼니를 거른 적도 있었을 것이고, 통한의 비애도 있었을 것이며 보람과 긍지로 환호하는 일도 적지 않았으리라. 나는 양부남 부산고검장의 퇴임사에서 후배 검사들에 대한 당부의 말을 언론을 통해 보았다. "창공을 나는 매가 되어라!" 적극적이고 창의적인 업무 수행을 강조한 당부였다. 그는 실제로 창공의 매가 되어 직무를 수행하였다.

광주시민의 한이 맺힌 5·18 원흉을 법의 심판대에 세워 단죄했던 결정적 역할은 양부남 광주지검장 재직 시절의 힘겨운 베틀 작업이었으리라. 계엄군의 헬기 사격을 증언한 조비오 신부님을 욕되게 하고, 모든 것을 부정으로 일관한 천하의 중죄인을 그 누구도 단죄하려 하지 않았고 오히려 은폐하거나 재판을 서울로 이관하려 하던 때였다. 광주에서 재판을 받도록 직을 걸고 노력했던 것은 이곳 광주에서 잘못을 사죄할 수 있는 마지막 기회를 주고자 하는 뜻이었으리라.

광주지검장 재직 시 그 유명한 강원랜드 채용 비리 수사단장에 임명되어 인터뷰하던 장면을 나는 생생하게 기억하고 있다. 명경지수와 같은 사심 없는 마음으로 파사현정의 대도를 걷겠다는 약속이었다. 양부남은 그의 신념이 곧 생활방식이고 삶의 목표인 사람이다. 내가 아는 양부남은 불의에 굴하지 않고 부정과 타협하지 않는 사람이다. 그는 그렇게 지난한 세월을 각고의 노력으로 고군분투하였다.

지금도 운명의 여신 클로토는 쉬지 않고 베를 짜고 있다. 세상에는 채색 곱고 때깔 고운 아름다운 베도 있고, 우격다짐으로 몰아세워 얽아매어 놓은 조악한 베도 존재한다. 선과 악이 공존하고 악화(惡貨)가 양화(良貨)를 구축하는 현상도 벌어지지만 대도(大道)를 걷는 큰 그림자가 있기에 그래도 세상이 유지되고 발전하는 것이다. 그래서 양부남의 그 클로토 베틀은 일시도 멈춰서는 안 된다고 생각한다.

양부남은 이제 새로운 인생여정에서 희망의 주사위를 던지고 있다. 배신과 불의, 야합과 폭정을 무너뜨릴 희망의 주사위를 힘차게 던지고 있다. 나는 그의 주사위가 희망과 사랑의 날개를 달고 승리의 루비콘 강을 건너리라 굳게 믿는다. "왔노라! 보았노라! 이겼노라!"를 힘차게 외치는 파사현정(破邪顯正)의 대도에 홍해를 건너는 승전기가 휘날리기를 간절히 기도한다.

하나님 마음에 합당한 사람

이정희(전 국민권익위원회 부위원장, 광주지방변호사회장)

양부남 아우는 담양군 월산면에서 이웃 마을에 살았다. 가난한 빈농의 아들로 태어나 담양공고를 거쳐 전남대 법대를 나와 기갑부대 장교가 된 그는 타고난 부지런함과 집념, 저돌성으로 당시 사단장인 조○○ 소장으로부터 '전군의 귀감'이라는 극찬을 들었다고 한다. 군에서 나오는 쥐꼬리만 한 월급을 모아 전역 후 독서실로 들어가 그 돈이 떨어지기 전에 사법시험에 합격했다.

그는 어릴 때부터 월산면에 있는 시골 교회를 열심히 다녔다. 나중에 검사가 되어서도 주말이면 꼭 내려와 그 교회에서 예배를 드렸다. 그가 남달리 많은 고난을 극복하고, 최근에도 '죽고 싶을 정도로' 박해를 받으면서도 이를 이겨 낼 수 있었던 것은 하나님에 대한 신앙심 때문이었을 것이다.

나와는 사법연수원을 같이 다녔다. 내가 호남향우회장을 맡았는데 그는 독하게 공부하면서도 향우회 일을 많이 도와주었다. 한번은 특정 연수생에게 특혜를 주는 문제로 전체 연수생들이 항의집회를 갖게 되었는데 그가 발언대 앞에 서게 되었다. 그의 논리정연한 연설에 연수생들이 모두 깜짝 놀라 "마치 국회 대정부 질문 같다"라는 말이 쏟아졌고, 특혜문제는 개선되었다. 그는 연수원 성적도 좋아서 서울지검으로 첫 발령을 받았다.

양부남 검사는 독한 수사통 검사로 이름을 날렸다. 평소 신앙심과 정의감이 강해 불의와 타협할 줄 모르는 성격에다 가난한 공고 출신으로 끌어 줄 선배도 없다 보니 독하게 살아야겠다고 마음먹은 것 같다. 검사실에 '독하게 살자'라고 써 붙여 놓고 근무를 했다. 구속 사건이 전국 1위였다. 누구든 걸리면 죽는다는 소문이 났다. 하지만 그중에는 다소라도 억울한 사람이 없었을까. 대형 사건도 많이 터트렸는데 유형무형의 외부 압력과 청탁을 모두 털어 버렸다. 사람들은 내가 그와 친하다는 말을 듣고 찾아오는 경우도 있었다. 그러나 내가 사건 내용을 알아보기 위해 전화를 하면 "형님, 수사 방해하지 마시오!" 하고 냉정하게 전화를 끊어 버렸다. 그런 성격이다 보니 윗사람들에게도 꼴통으로 보여 미움을 받고 한직으로 밀리는 등 마음고생도 많이 했다.

그러나 그는 원래 눈물과 정이 많은 사람이었다. 또한 지극한 효자였다. 어머니라는 말만 나오면 눈물을 닦았다. 범죄혐의로 조사받던 공무원으로부터 "어렵게 어머니를 모시다 보니…" 하는 말이 나오면 고개를 돌리고 눈물을 짜는 검사였다.

젊은 날의 이순신 장군도 강직하고 타협할 줄 모르는 성격으로 가는 곳마다 상관들과 갈등을 빚었다. 이순신 연구가 중에는 젊은 날의 이순신을 '조직 부적응자'였다고 말하는 사람도 있다. 젊은 날에 한번 형성된 성격은 쉽게 바뀌지 않는 법이다. 그러나 그는 자신의 강한 성격을 일기와 사색 등으로 절차탁마하여 원숙한 성격으로 변화시켰다. 그것이 이순신의 위대한 점이다. 실제 장군이 되어 전라좌수사가 된 다음에는 상관들과 원만하게 지냈다. 그래서 명나라의 진린 제독도 이순신의 원숙한 인격 앞에 굴복하게 되었던 것이다.

양부남 검사도 초임검사 시절의 꼴통 기질을 계속 이어 갔다면 아마 부장검사 정도로 끝났을 것이다. 그러나 그도 폭넓은 독서와 치열한 자신과의 싸움을 거쳐 부드럽고 원숙한 성격으로 거듭났다. 부장검사가 되어 음악단을 구성하고 교도소에 가서 재소자들에게 서투른 솜씨로 색소폰을 연주하여 주위를 놀라게 하기도 했다. 공고, 지방대 출신의 핸디캡을 극복하고 고검장까지 올라간 것은 그러한 치열한 노력과 변신이 있었기 때문에 가능한 일이었을 것이다. 검사장이 되어서는 어느 강연 석상에서 "정의실현을 하고 진실을 밝히겠다는 의지는 세월이 흘러도 지금도 변함이 없습니다. 하지만 그것을 실천하는 방법에 있어서 젊은 시절에 독하게 했던 것이 과연 적절했는지에 대하여는 많은 회의감이 듭니다" 하고 말하기도 했다.

사람이 살다 보면 좋은 인연을 맺기도 하지만 이순신과 원균처럼 악연을 맺는 경우도 많다. 양부남 아우도 광주지검 검사장이 된 후 강원랜드 채용비리 수사단장으로 발령받아 지금 여권의 실세인 권○○ 의원을 수사하면서 악연이 되었다. 윤석열 대통령과도 과거 대검 중수부에서 같이 근무한 인연이 있다. 그런데 양부남 고검장은 퇴임 후에 윤석열 대통령 후보를 서울 중앙지검에 고발하기도 하고 윤석열을 규탄하는 1인 시위를 하기도 했다. 아무나 할 수 없는 양부남다운 대단한 용기였다. 그때 나는 '양부남 아우가 형극의 길을 가는구나, 반드시 보복을 당할 것이다'라고 예측했다.

경찰에서 양부남 변호사의 수임사건을 문제 삼아 구속영장을 신청할 때 나는 '올 것이 왔구나' 생각했다. 변호사의 통상적인 변론활동을 문제 삼아 영장을 신청하는 것은 애초에 무리한 수사로 보였다. 모두 기각당하기는 했지만, 장기간의 수사와 세 번에 걸친 구속영장에 양부남 같은 강심장도 지쳐 버렸다. 눈의 실핏줄이 터져 눈이 빨개진 모습도 보았다. 나에게도 수차례 "죽고 싶을 정도로 괴롭습니다"라고 하소연했다. 다윗이 사울왕의 박해를 받고 "나와 죽음의 사이는 한 걸음뿐이니라"라고 했던 말이 생각났다. 나는 그에게 다음과 같이 문자를 보냈다.

"어차피 건너야 할 강이다. 또한 예견된 수난이다. 고난이 없기를 기도하지 말고 고난을 극복할 지혜를 주시기를 기도해라. 지금의 고난을 극복함으로써 하나님의 마음에 더욱 합당한 사람이 될 것이다."

"환난과 고통 중에서도 오히려 감사의 기도를 드릴 때 하나님은 우리 영혼을 강하게 만드시고 극복할 수 있는 내적 능력을 주신다. 고난은 지나고 보면 오히려 변장된 축복일 수도 있다."

나는 그에게 그동안 수많은 사람을 구속시킨 과거의 업보라고 생각하라고 했고, 그도 저항 없이 내 말을 받아들였다. 하나님의 선택에는 언제나 고난이 따르는 것이다. 양부남 아우에게는 엄청난 수난의 시간이었겠지만, 나는 그 기간이 인간 양부남을 내적으로 단련시키고 더욱 성숙시키는 하나님의 축복이었다고 생각한다. 본인 스스로도 말했다. "형님, 이제 저는 모두 버리고 내려왔습니다." 그도 인간이기 때문에 결점도 있다. 그러나 이제 양부남에게는 과거 검사 시절 가지고 있던 '검사 티'는 찾아볼 수 없게 되었다. 남을 이해할 줄 아는 온유한 사람으로 또 한 번 거듭난 것이다. 나는 믿는다. 드디어 양부남은 하나님의 마음에 합당한 사람이 되었다고, 그리고 하나님이 뜻하시는 곳에 귀하게 쓰실 것이라고.

우리의 보물이 모두의 보물이 되기를

한명수(공인회계사)

 흰머리 때문에 동그란 눈이 유독 빛나는 나의 큰 형님 양부남 전 고등 검찰청 검사장은 30여 년의 세월 동안 함께한 '월야회' 친구들의 자랑이며 자부심, 흔들림 없는 대들보, 정신적 지주다. 친구들은 '고검장님', '양옹(翁)', '무공', '양형' 등등 각기 편한 대로 부르는데, 난 어느 순간부터 남 앞에서 '대형(大兄)'이라 지칭한다.
 1991년 가을, 내가 광주 임동에서 사무실을 운영할 무렵 법무 연수원을 잠깐 쉬고 있던 '대형'을 처음 만났다. 나이도 한 살 많고 사법고시 출신이라 우쭐할 만도 하지만, 어색해하면서도 몸에 밴 겸손한 행동과 매사 진중한 언어에 호감이 갔다. 이때부터 친분을 쌓으며 내 지인, 대형의 지인들과도 함께 어울리며 우정을 나눴다.
 '대형'은 밤늦도록 일하면서도 우리가 연락하면 새벽에 잠깐이라도 달려왔다. 얼마나 바쁜 사람인지 아는 우리는 마치 '내가 그에게 특별한 존재'라도 된 것처럼 생각됐다. 이렇게 감탄을 감출 수 없을 정도로 주변 사람을 귀히 대한다는 것을 신기하게 생각했다. 특히 '대형'은 "못 배우신 분들이 억울한 일은 없도록 하겠다"는 말을 자주 했다. "그것까지 신경 쓸 필요는 없지 않냐?"라는 우리의 핀잔에 화내듯 나무라곤 했다. 우리가 '오지랖'이라고 농할 정도로 도움을 청하러 찾아온 사람에게는 법률적 지식을 알려 주고 처리절차를 알려 주는 일을 게을리 하지 않았다.

이러한 '대형'의 언행일치와 그 진정성에 모두 경외감을 가질 수밖에 없었다. '대형'은 검사 시절부터 부산고검장 시절까지 일본에 유학 중이었던 1여 년을 제외하고는 매주 토요일마다 담양에 계시는 부친을 찾아뵙고, 함께 하룻밤 자는 수고를 마다하지 않았다. 어쩔 때는 업무나 약속 때문에 새벽에 도착하거나 타인의 도움을 받을지언정 그 긴 세월 동안 이를 멈추지 아니하였으니, 친구들은 서로 말하지 않았지만 존경심이 모두에게 깊이 스며들었다. '대형'의 말없는 행적들은 우리 스스로 부끄럽지 않도록, 다른 이를 소중히 대하도록 하게 하였고 우정을 더하게 하였다. 덕택에 빛나는 시절이었다.

나는 '대형'의 꿈을 좋아한다. 수험 기간에 "철원 평야 같은 끝없는 넓은 들판을 하얗고 커다란 백호의 등을 타고 두 귀를 꽉 붙잡고서 힘껏 내달리는 꿈을 꾸었다"라는 말을 듣고 나까지도 덩달아 흥분되어, 백호의 거친 숨소리와 차가운 맑은 바람이 느껴지는 들판에 두 팔 벌려 서 있는 상상을 자주 하게 되었다. '대형'은 이후 시험의 합격 여부에 대한 걱정이 없었다 했지만, 나는 지금도 힘들거나 어려울 때 눈 감고 깊이 호연지기를 느껴 보게 된다.

가끔 '대형'은 집에 있는 학사 기갑장교 시절의 장비들을 보며 "그때가 정말 좋았다"고 회상하곤 했다. 웅심 가득한 '대형'의 말을 들으며, 군에 남았더라면 관운장 같은 전장의 덕장이 되었을 것이라 믿어 의심치 않았다. 나는 특히 인생 위기의 순간에 '대형'의 은혜를 여러 번 입은 적이 있다. 그중 하나는 사업이 크게 실패해 너무나 힘들었던 시절의 일이었다. 귀찮을 법 하지만 번거로워하지 않고 먼저 찾아 나서서 법률적 조언과 관심을 아끼지 않았다. 함께 고민해 주고 끌어내서 다시 세워 주었다.

반대의 입장에서 '나는 어떻게 했을까?' 생각해 보면, '대형'의 애정과 수고로움에 깊이 감사함을 느꼈다. 최근에도 목숨이 경각에 달렸던 순간, 기적처럼 도움의 손길을 내밀었다. 평소 깊은 신뢰를 맺지 않고서는 베풀 수 없었던 과분한 호의에 나와 배우자는 '대형'에게 눈물을 흘리며 고마워했다.

나에게 '대형'은 함부로 내놓기 싫은 '보물' 같은 존재이다. 그 주위는 항상 따스하고 정이 넘치며 선하고 베풀려는 자로 채워진다. 그래서 더 가까운 곳에 두고 그 향기로움을 우리끼리 누리고 싶은 마음이 든다. 하지만 '대형'이 세상에 나서고 싶어 한다. 솔직히 니는 잘 모른다. 무엇을 만들고 또 무엇을 이루어 내고자 하는지 모를뿐더러, 감히 물어보지도 아니한다. 항상 옳았고 해냈던 힘이 있었던지라 그냥 그러려니 하고 또 그리될 것이라 믿을 뿐이다.

'대형'은 올곧고 바른 마음으로 더 넓게 더 좋게 세상을 만들 사람이라는 것은 30년의 세월 동안 충분히 겪었던 바다. 다만 다치지 아니하고 세상을 향해 큰 뜻을 쭉 펼쳐 나아가길 바랄 뿐이다. '대형!' 그동안 살아왔던 대로 해낸다면 잘할 거라 믿어. 이제는 더 많은 사람들에게 멋진 모습을 보여 줄 시간이야. 우리의 '보물'이 모두의 '보물'이 되기를 바랄게. 파이팅!

국민을 위한 사랑과 헌신의 아름다운 삶

최광원(담양가마골 전원교회 장로, 담양군민신문 대표)

존경하고 사랑하는 양부남 전 검사장님의 자서전 출판을 진심으로 축하드립니다. '존경한다'고 하면 아부하는 것처럼 들릴 수 있습니다. 그러나 존경하려는 사람도, 존경받는 사람도 별로 없는 요즘 같은 개인주의, 이기주의 시대에 존경하는 사람이 있고 그와 더불어 살아갈 수 있다는 것은 참 행복하고 감사할 일이라고 생각합니다. 더 중요한 것은 긴 세월 단점까지 보고 알 수 있는 관계에서 신뢰하고 존경할 수 있다는 것은 그리 쉬운 일이 아닙니다.

이번 저서에는 검사장님이 살아온 역사와 삶이 그대로 나타나 있고 인격과 가치관이 잘 담겨 있습니다. 양부남 검사장께서 정치의 길을 나섰습니다. 지금까지 걸어온 길과는 많이 다른 길입니다. 정의롭고 정직함만 가지고는 갈 수 없는 길입니다. 당선을 위해서 또는 당과 함께 하기 위해서는 마음에 없고 양심을 거스르는 말과 일도 해야 하는 길입니다.

고검장을 역임했고 치과 원장을 하고 있는 아름다운 사모님과 건장하고 성실한 두 아들이 있으며 재정적인 여력도 있습니다. 부족한 것이 없는데 험하고 힘든 길을 나섰습니다. 걱정도 됩니다. '이런 길인 줄 몰랐다'라고도 하셨고 '다시 돌아가고 싶다'고도 하셨지만 이미 출발한 길입니다. 누군가는 짊어져야 할 십자가입니다. 당신의 말씀처럼 인생이 자신의 생각이나 계획대로 되는 것이 아닌 것 같습니다.

추천사를 쓸 자격은 부족하지만 같은 시대, 같은 담양에서 태어나 긴 시간 검사장님의 말과 행동, 삶 하나하나를 보아 왔던 증인으로 정직하게 사실을 말할 수는 있기에 사양하다가 지금까지 지켜본 검사장님에 대해 몇 자 적어 봅니다.

첫째, 능력을 갖춘 인내와 집념의 소유자입니다. 초중고 시절 거의 수석을 독차지하고 사법고시에 합격했으니 명석함은 익히 알 수 있고 전국 엘리트들의 모임인 검찰 조직에서도 지검장과 고검장을 역임했으니 그 탁월한 능력은 객관적으로 이미 인정을 받았습니다. 특히 시사나 어떤 사건에 대한 검사장님의 분석과 예측이 너무 정확하게 맞아떨어진 경우를 자주 볼 때마다 놀라지 않을 수가 없습니다. 그래서 저는 살아오면서 어려운 문제나 혼자 결정하기 어려운 일이 있을 때면 검사장님의 자문을 가끔 받았으며 제 삶에 많은 도움이 되었습니다.

양 검사장님은 무에서 유를 창조한 분입니다. 평범한 시골의 가난한 가정에서 태어나 오늘에 이른 것은 남들이 소유하지 못한 남다른 인내와 집념으로 이룬 결과입니다. 일상에서도 어떤 과제가 주어지면 결과가 나올 때까지 빈틈이나 흐트러짐 없이 혼신의 노력을 기울이는 것을 보면 정말 대단하다는 생각을 하게 됩니다.

둘째, 냉철함과 인간미, 의리를 함께 갖춘 분입니다. 보통 엘리트분들은 명석하고 유능하기는 하지만 냉철하고 인간적인 정이 부족합니다. 그런데 검사장님은 법률가의 냉철함을 가지고 있음에도 따뜻한 인간미와 강한 의리를 가지고 있습니다. 보통 관료와 공직자들이 대접받는 데 익숙함에도 불구하고 검사장님은 애경사나 명절이면 빠짐없이 주위 분들을 잘 챙기고 어렵고 힘든 자들에게 베풀고 나누려 하는 모습은 상대를 감동하게 합니다.

셋째, 정의롭고 서민과 약자를 배려하는 분입니다. 고위 공직자가 너무 많이 연루되어 부담이 되자 상부에서 수사를 중단하라는 지시가 내린 사건을 두고 사표를 작성해 놓고 수사를 해서 비리와 잘못을 밝혀낸 사건은 가까운 주위 분들에게는 알려진 사실입니다.

또 서민이 피해자임에도 돈과 권력으로 인해 피해자와 가해자가 뒤바뀐 사건을 재수사를 통해 억울함을 풀어 주는 등 검사장님 본인이 농촌의 가난한 가정에서 태어나 어려운 서민의 삶을 살아 보셨기에 가난하고 힘없는 약자에 대한 남다른 애착을 가지고 있습니다.

넷째, 포용력과 사랑이 있고 인생을 아는 분입니다. 제가 30여 년 언론에 몸담아 오면서 느낀 점은 힘 있는 분들은 '본인의 생각이 제일 옳다고 생각하고 주위의 조언이나 충언을 싫어하며 권위적이고 독선적'이라는 것입니다. 그런데 양 검사장님은 양면을 조화롭게 갖추고 있습니다. 원칙적이면서도 약자를 배려하고, 권위적인 것 같고 주관이 강한 것 같지만 주위의 의견을 귀담아들어 주는 마음이 넓은 분입니다.

포용은 감싸 안을 수 있을 넓이가 있어야 합니다. 큰 그릇이 작은 그릇을 품을 수 있듯이 상대보다 더 큰 마음을 가져야 하며 부드러움이 있어야 합니다. 중대한 사안이 아니면 자신의 의견보다 남의 의견을 따라 주고 배려하는, 자신을 내려놓을 수 있는 관대함은 자신감과 용기, 사랑이 없으면 나올 수가 없습니다. 그런 그분의 삶을 보며 신뢰와 존경이 쌓이게 된 것 같습니다.

세상 많은 사람들은 이 세상에서 천년만년 살 것처럼 살아가고 있습니다. 그러나 양 검사장님은 인생이 무엇인지를 알고 그것을 늘 되새기며 살아가는 분입니다. 성경에 인생을 '잠깐 보이다 없어지는 안개'라고 했으며 '아침 이슬'이라고 했습니다. 이 세상 우리의 삶을 고향을 떠나 잠깐 여행 온 '나그네와 행인 같다'고 했습니다. 검사장님은 '모든 것이 내 뜻대로 되는 것이 없으니 최선을 다하되 결과는 하늘에 맡기자, 무리한 욕심은 부리지 않겠다. 지금까지 주신 것도 과분하다고 생각하고 늘 감사하다'라는 말씀을 자주 하셨습니다.

이런 이야기를 들을 때면 이분은 이미 많은 것을 소유했기에 이런 여유가 나올 수 있을까? 하는 생각도 들었지만 '인생이 유한한 존재이고 언젠가는 떠나야 한다'는 사실을 늘 직시하며 인생이 무엇인지 생각하며 사시는 분이기에 가능한 삶이 아닌가 생각합니다.

미국에서는 대학에 진학하려면 추천서가 아주 중요하다고 합니다. 페이퍼 테스트 점수 하나만으로는 그 학생의 감춰진 잠재력, 인격과 정서, 역량, 살아온 과정과 가치관 등 더 크고 중요한 것들을 파악하기가 어렵기 때문입니다.

정치에 나선 분들을 보면 하나같이 '잘하겠다'며 핑크빛 계획을 내놓습니다. 그러나 그 사람이 어떤 삶을 살아왔으며 그 말이 진실인지 우리는 알 수 있는 방법이 없습니다. 그리고 '앞으로 잘하겠다'는 말도 믿을 수가 없습니다. 미래의 약속은 그 사람의 과거를 봐야 합니다. 그 사람의 도덕과 인품, 수십 년 살아온 성품이 하루에 변할 수 없고 텅 비어 있던 경륜과 실력을 하루에 쌓을 수는 없기 때문입니다.

　이제 검사장님의 남은 세월이 얼마일지는 모르겠지만 살아오면서 자주 말씀하셨던 '정직하게 살아야 합니다. 누군가의 사랑과 헌신이 없이는 그 사회도 조직도 발전할 수 없습니다'고 하며 정직하고 정의롭게 살아온 삶이 변색되지 않고 지금까지 쌓아 온 경륜과 실력을 잘 살려 주님의 사랑과 은혜에 영광을 가리지 않는 삶, 많은 분들의 존경과 사랑을 받는 지도자, 이 나라와 국민에게 도움을 줄 수 있는 헌신의 아름다운 삶을 살아가시길 기원합니다.